もっとのばせる中国語
～基礎から応用まで～

CD付き

楊 凱栄 著

金星堂

まえがき

　本書は、NHKラジオ中国語講座応用編（2004年4月－6月）で放送されたものを加筆修正し、まとめたものです。

　応用編と言っても、実際には初級に出てくる基本的な文型や表現を多く取り入れました。その意味で本書は、初級で勉強したものの、習ったことが定着していなくて、もう一度きちんと体系的におさらいしたいと思っているような学習者をも対象にしています。つまり、中国語をまったく習ったことのない初級者にとっては中国語の基本を学ぶよい機会となり、中級者にとっては、これまでの復習と同時に中級レベルの文型や表現をも身につけられるチャンスでもあります。

　語学の勉強に近道はないと私は常々考えております。単語を覚え、基本文法を身につけて、こつこつと練習を重ねていくしかありません。さらに、この基本文法がしっかり身に付いているかどうかが、その後の上達を左右するといっても過言ではありません。基本がしっかりできてさえいれば、あとは応用力を付けるだけです。本書は基本文型を重視しながら、応用的なものをもカバーしているので、本書に取り上げられている文型や表現を習得した時点で、あなたの中国語の実力はすでに初級から脱却し、立派な中級者になっているはずです。

　本書の出版に際し、講座の放送直後に企画を持ちかけ、刊行まで辛抱強く待ち続けていただいた金星堂の中田信義様にまず感謝申し上げます。また本書の具体的な編集作業をし、いろいろなアドバイスをしてくださった編集の佐藤貴子さんにも大変お世話になりました。さらに校正の作業を手伝ってくださった河野直江さんにも感謝の意を表します。

2007年春
著者

Contents

●基礎編●

1. 存在、所有、所在を表す構文 ……………… 10
   1. 場所／時間＋"有"＋人／事物
   2. 人＋"有"＋人／事物
   3. 人／事物＋"在"＋場所

2. 名詞述語文 ………………………………… 16
   1. 主語＋時間表現
   2. 主語＋数量表現
   3. 主語＋名詞

3. 形容詞述語文 ……………………………… 22
   1. 主語＋形容詞
   2. 主語＋副詞＋形容詞
   3. "太"＋形容詞＋"了"

4. 完了を表す"了"と新事態の発生を表す"了" … 28
   1. 動詞＋"了"＋数量詞＋目的語
   2. 動詞＋"了"＋目的語～
   3. 動詞＋"了"＋連体修飾語＋目的語
   4. 形容詞／数量詞／名詞＋"了"

5. 助動詞の"会"、"能"、"可以" …………… 34
   1. "会"＋動詞
   2. "能"＋動詞
   3. "可以"＋動詞

●発展編●

6. 程度を表す"有点儿"と"一点儿" ………… 42
   1. "有点儿"＋形容詞／動詞
   2. 形容詞／動詞＋"一点儿"
   3. "一点儿"＋"都／也"

7. 前置詞の"离"、"跟"、"从" ……………… 48
   1. "离"＋名詞＋形容詞／動詞

2. "跟"＋名詞＋動詞
　　3. "从"＋名詞＋動詞
8. "给"、"为"、"帮" ………………………… 54
　　1. X＋"给"＋Y＋動詞
　　2. X＋"为"＋Y＋動詞
　　3. X＋"帮"＋Y＋動詞
9. 時間量と回数を表す構文 ………………… 60
　　1. 動詞＋時間量／回数＋目的語
　　2. 動詞＋"了"＋時間量／回数＋"了"
　　3. 時間量／回数＋動詞＋時間量／回数
10. 進行と持続を表す"在"と"着" …………… 66
　　1. "在"＋動詞
　　2. 動詞＋"着"
11. 存現文 ……………………………………… 72
　　1. 自然現象の発生を表す構文
　　　「(時間や場所表現＋) 動詞＋目的語」
　　2. 人や事物の出現、存在、消失を表す構文
　　　「時間や場所表現＋動詞＋(数量表現＋)目的語」
　　　① 主体の出現
　　　② 主体の存在
   　　③ 主体の消失

●実力編●

12. 比較構文 …………………………………… 80
　　1. X＋"比"＋Y＋形容詞（～）
　　2. X＋"没有"＋Y＋（"那么"）～
　　3. "和"＋X＋"相比"＋Y～
13. "把"構文 ………………………………… 86
　　1. "把"＋名詞＋動詞＋"在"～
　　2. "把"＋名詞＋動詞～
　　3. "把"＋名詞＋動詞＋"一下"

14. 結果補語の"到"、"给"、"在" ……………… 92
1. 動詞＋"到"
2. 動詞＋"给"
3. 動詞＋"在"

15. 結果補語の"完"、"掉"、"错" ……………… 98
1. 動詞＋"完"
2. 動詞＋"掉"
3. 動詞＋"错"

16. 方向補語 ……………………………………… 104
1. 動詞＋"进来／进去"
2. 動詞＋"出来／出去"
3. 動詞＋"下来／下去"

17. 程度補語と様態補語 ………………………… 110
1. 形容詞＋"死了／极了"
2. 動詞＋"得"＋形容詞
3. 形容詞＋"得"＋（人）＋"直"＋動詞

18. 可能補語 ……………………………………… 116
1. 動詞＋"得／不"＋"到"
2. 動詞＋"得／不"＋方向補語
3. 動詞＋"得／不"＋結果補語

19. 強調と説明の構文 …………………………… 122
1. X＋"就是～"
2. "是～的"構文
3. "是～的"構文の省略と否定

20. 離合詞 ………………………………………… 128
1. 動詞＋目的語
2. 動詞＋数量詞＋目的語
3. 動詞＋～＋目的語

21. 使役構文 ……………………………………… 134
1. X＋"请"＋Y＋動詞

2. X＋"叫／让"＋Y＋動詞
3. X＋"叫／让"＋Y＋"别／不要"＋動詞

22. 受身構文 …………………………………………… 140
1. X＋"被／叫／让"＋Y＋動詞＋～
2. X＋"给"＋Y＋動詞＋～
3. X＋"被／给"＋動詞＋～

●応用編●

23. "又~又~"、"既~又~"、"一边~一边~" …… 148
1. "又～又～"
2. "既～又～"
3. "一边～一边～"

24. "连~也／都"、"肯定（是）~" ………………… 154
1. "连～也／都"①
2. "连～也／都"②
3. "肯定（是）～"

25. "就是~"、"不是A就是B"、"只是~" ……… 160
1. "就是～"
2. "不是A就是B"
3. "只是～"

26. "~就"、"才~就~"、"就~" …………………… 166
1. "～就"
2. "才～就～"
3. "就～"

本書の構成と使い方

● 本書の構成

　　本書は26課から構成され、基礎編、発展編、実力編、応用編と四つのパートに分けられています。各課はポイント、スキット、スキットの訳、練習問題、それから練習問題の解説からなっています。ポイントに関して言えば、本書は基本的な文法書としての性格も兼ね備えており、初・中級の文法書として使っていただけるものと思います。一課に三つの文型があり、全体の課で80ぐらいの文型があるため、初・中級の学習者の学習する主な文法事項を一通り網羅しているものと言えましょう。それだけでなく、それぞれの文型では詳しい説明や使い方も紹介しているので、文法の参考書としてもお使いいただければ幸いです。

● 本書の使い方

A．ポイントの語句：

　　勉強の仕方としては、まずポイントの語句から始め、語句の中に習ったことのないものがあるかどうかをチェックしてください。語句の日本語訳も書いてありますが、これはあくまでもポイントで取り上げた文型に出てくる意味に合ったものであり、語句によっては複数の意味を持つ単語もあるので、できれば自分で辞書を調べて確実に意味を把握するようにしてからポイントの勉強に入ってください。

B. ポイント：

　　ポイントで学ぶ文型は、文を作るためのもっとも基本的な要素なので、それぞれのパターンを十分に理解し覚えるようにすると、自ら文を作る時に非常に役に立つものと思います。先にも述べましたが、ポイントに取り上げた文型にはそれぞれの意味や用法などが詳しく付けられているので、それらをうまく整理すれば、文法の参考書としてもお使いいただけます。

C. スキットの語句：

　　スキットの語句はスキットを理解するのに欠かせないので、これもポイントの語句と同じように辞書でチェックしてください。スキットの意味の理解をより正確にしてくれるのみならず、語彙の持つ意味の広がりも理解でき、表現する力がいっそう豊かなものになるに違いありません。

D. スキット：

　　スキットは文型に基づいて作られている自然な会話ですので、余裕があればぜひ丸ごと暗記できるようにしてください。スキットを覚える余裕がない方でも、文型を使って作られている部分だけでもぜひ丸ごと暗記することをお勧めします。なぜなら、文法だけに頼って文を作ると、文法的には間違っていないのかもしれませんが、表現として不自然な文を作ってしまう可能性があるからです。従って、丸暗記し、情況に合わせて使

い方に注意すれば、いつでも自然な中国語で表現できるように なります。

E. トライしよう：

　　練習の「トライしよう」では三種類の異なった練習を行うことができます。外国語の勉強は、ただ読んで理解しただけでは決して上達しません。練習問題をすることによって、ポイントで習った文法事項をより確実にし、自分のものとして定着していけます。ぜひチャレンジしてみてください。

　　練習（1）ではまずセンテンス全体に目を通し、それから与えられている語句の意味を考えながら（　）の中に合った語句を入れるようにしてください。練習（2）は語順の問題です。ポイントで習った文型を踏まえたうえで、正しい語順で並べることをお勧めします。練習（3）の日文中訳は自ら中国語表現を作っていく作業です。用いる語句と並べる順序を自分で考えなくてはならないので難しいのですが、それをやることによって、確実にあなたの表現力は豊かになります。ぜひチャレンジしてみてください。

F. 解説：

　　解説は、分かりやすいことをモットーとしてあるので、正解にたどり着くヒントを与えてくれますが、できれば練習をやる前ではなく、練習を終わった後の確認としてお読みください。

基礎編

第1課：存在、所有、所在を表す構文 / 第2課：名詞述語文 / 第3課：形容詞述語文 / 第4課：完了を表す"了"と新事態の発生を表す"了" / 第5課：助動詞の"会"、"能"、"可以"

第1課　存在、所有、所在を表す構文

`CD2`

● ポイント

1. 場所／時間＋"有"＋人／事物

この構文は人や事物の存在を表し、場所や時間を表すことばが"有"の前に置かれ、存在する人や事物が"有"の後に置かれる。否定は"没有"を用いる。

1）我们大学有很多外国留学生。
　　Wǒmen dàxué yǒu hěn duō wàiguó liúxuéshēng.
　　私たちの大学には多くの外国人留学生がいる。

2）车站附近有一个邮局。
　　Chēzhàn fùjìn yǒu yí ge yóujú.
　　駅の近くには郵便局がある。

3）三楼没有儿童服装。
　　Sān lóu méiyou értóng fúzhuāng.
　　3階には子供服はない。

2. 人＋"有"＋人／事物

この構文は人が何かを所有する意味を表し、所有者が"有"の前に置かれ、所有されるものが"有"の後に置かれる。否定は"没有"を用いる。

1）我有很多外国的纪念邮票。
　　Wǒ yǒu hěn duō wàiguó de jìniàn yóupiào.
　　私は外国の記念切手をたくさん持っている。

2）你有我的伊妹儿地址吗？
　　Nǐ yǒu wǒ de yīmèir dìzhǐ ma?
　　私のEメールアドレスを知っていますか。

3）我没有他的电话号码。
　　Wǒ méiyou tā de diànhuà hàomǎ.
　　私は彼の電話番号を知らない。

3. 人／事物＋"在"＋場所

この構文は人や事物の所在を表し、所在の主体は"在"の前に置かれ、所在の場所は"在"の後に置かれる。否定は過去も未来も"不在"を用いることが可能である。

1）"小李在哪儿？""小李在楼下。"
　　Xiǎo-Lǐ zài nǎr? Xiǎo-Lǐ zài lóuxià．
　　「李さんはどこですか。」「李さんは下の階にいます。」

2）你的行李在客厅里呢。
　　Nǐ de xíngli zài kètīng li ne．
　　あなたの荷物は客間にありますよ。

3）她十年前不在日本。
　　Tā shí nián qián bú zài Rìběn．
　　彼女は10年前日本にいなかった。

◎ ポイントの語句　CD3

外国留学生	wàiguó liúxuéshēng	外国人留学生
车站	chēzhàn	駅、停留所
附近	fùjìn	付近、近く
邮局	yóujú	郵便局
儿童	értóng	子供、児童
服装	fúzhuāng	服装
纪念邮票	jìniàn yóupiào	記念切手
伊妹儿	yīmèir	Eメール
地址	dìzhǐ	住所、アドレス
行李	xíngli	荷物
客厅	kètīng	客間、応接間

兰兰，你有零钱吗？

男：兰兰，你有零钱吗？
Nán：Lánlan, nǐ yǒu língqián ma?

女：有啊。要多少？
Nǚ：Yǒu a. Yào duōshao?

男：六块。
Liù kuài.

女：我手上有面粉，你自己拿吧。
Wǒ shǒushang yǒu miànfěn, nǐ zìjǐ ná ba.

男：你的钱包在哪儿？
Nǐ de qiánbāo zài nǎr?

女：在电视机上。
Zài diànshìjī shang.

○ スキットの語句

零钱	língqián	小銭
面粉	miànfěn	小麦粉
拿	ná	持つ、取る
钱包	qiánbāo	財布
电视机	diànshìjī	テレビ

第1課　存在、所有、所在を表す構文

スキットの訳

男：蘭蘭、小銭ある？

女：あるわよ。いくらいるの？

男：6元。

女：手に粉がついているから、自分で取って。

男：財布はどこ？

女：テレビの上よ。

● トライしよう！

1. 与えられた語句を（　）の中に入れてみよう。

    (1) 桌子上（　）一本中日词典。

    (2) 商场的二楼（　）一个咖啡厅。

    (3) 报纸（　）沙发上。

    | a. 有 |
    | b. 在 |

2. 次の語句を日本語の意味に合うように、正しい語順に並べよう。

    (1) 壁には山水画が一枚掛かっている。
    　　A. 山水画 shānshuǐhuà　　　B. 有 yǒu
    　　C. 一幅 yì fú　　　　　　　D. 墙上 qiángshang

    (2) （あなたは）携帯電話を持っていますか。
    　　A. 你 nǐ　　　　　　　　　B. 吗 ma
    　　C. 手机 shǒujī　　　　　　D. 有 yǒu

    (3) 黄さんは今国外にいます。
    　　A. 小黄 Xiǎo-Huáng　　　　B. 国外 guówài
    　　C. 现在 xiànzài　　　　　　D. 在 zài

3. 中国語に訳してみよう。

    (1) 駅の近くに銀行がある。

    (2) 王さんは今大阪にいません。

    (3) 私は今まだパソコンを持っていません。

解説

1　(1)、(2)は文頭に場所表現が来ているので、存在構文であることが分かりますね。
　　(3)の最初の語句は"报纸"であり、所在の表現になります。

2　(1)の日本語を読めば、存在構文であることが分かります。存在構文は「場所＋"有"＋存在するもの」の語順で並べればいいわけです。
　　(2)は所有の意味ですね。所有の場合は「人＋"有"＋所有物」の順番に従って並べましょう。
　　(3)は所在の意味ですね。所在の語順は「所在の主体＋"在"＋場所」になっています。ただ、ここで注意してほしいのは時間を表す語句"现在"があることです。時間詞については一般に主語の後に置くのが普通です。もちろん、時間詞を問題にする場合、主語の前に置くことも可能です。

3　(1)は存在構文なので、「場所＋"有"＋存在するもの」の語順です。あとは単語さえ分かればできますね。
　　(2)は所在構文であり、所在構文の語順は「所在の主体＋"在"＋場所」になります。
　　(3)は所有構文として作文すればいいのです。日本語では物の場合、例えば「私は車を持っている」と言えますが、人間の場合「私にはボーイフレンドがいる」とは言っても、「私はボーイフレンドを持っている」とはあまり言わないようですね。しかし、中国語では物も人間も同じ扱いで、所有構文が使えます。

1　(1) a　(2) a　(3) b
2　(1) DBCA　(2) ADCB　(3) ACDB
3　(1) 车站附近有一个银行。
　　(2) 小王现在不在大阪。
　　(3) 我现在还没有电脑。

第2課 名詞述語文

ポイント

話し言葉では一部の名詞（時間、数量、順番、出身地など）がそのまま述語になることができる。ただし、強調や否定の場合は"是"、"不是"が用いられる。

1. 主語＋時間表現

この構文に用いられる時間表現には日にち、曜日、時刻などを表すものがある。

1) "今天几月几号？""今天四月十六号。"
   Jīntiān jǐ yuè jǐ hào? Jīntiān sì yuè shíliù hào.
   「今日は何月何日ですか。」「今日は4月16日です。」

2) "明天星期几？""明天星期六。"
   Míngtiān xīngqī jǐ? Míngtiān xīngqī liù.
   「明日は何曜日ですか。」「明日は土曜日です。」

3) "现在几点？""现在差五分七点。"
   Xiànzài jǐ diǎn? Xiànzài chà wǔ fēn qī diǎn.
   「今何時ですか。」「今は7時5分前です。」

2. 主語＋数量表現

この構文に用いられる数量表現には年齢、人数、値段などを表すものがある。

1) "你今年多大？""我今年二十三岁。"
   Nǐ jīnnián duō dà? Wǒ jīnnián èrshisān suì.
   「今年いくつですか。」「私は今年23歳です。」

2) "你们班多少人？""我们班二十五个人。"
   Nǐmen bān duōshao rén? Wǒmen bān èrshiwǔ ge rén.
   「あなたたちのクラスは何人ですか。」「私たちのクラスは25人です。」

3) 这件大衣三百六十块。
   Zhèi jiàn dàyī sānbǎi liùshí kuài.
   このコートは360元です。

3. 主語＋名詞

この構文に用いられる名詞には出身地、祝日などを表すものがある。

1) "他哪儿人？""他山东人。"
   Tā nǎr rén? Tā Shāndōngrén.
   「彼はどこの人ですか。」「山東の人です。」

2) 今天情人节，有人送你巧克力吗？
   Jīntiān Qíngrénjié, yǒu rén sòng nǐ qiǎokèlì ma?
   今日はバレンタインデーですが、チョコレートをくれる人はいますか。

3) "小李东北人吧？""不，他不是东北人，他是北京人。"
   Xiǎo-Lǐ Dōngběirén ba?
   Bù, tā bú shì Dōngběirén, tā shì Běijīngrén.
   「李さんは東北の人ですか。」「いえ、彼は東北の人ではありません。北京の人です。」

◯ ポイントの語句　CD6

差	chà	足りない
多大	duō dà	いくつ
班	bān	クラス
大衣	dàyī	上着
情人节	Qíngrénjié	バレンタインデー
送	sòng	プレゼントする
巧克力	qiǎokèlì	チョコレート

明儿星期天。

女：明儿星期天，你加班吗？
Nǚ：Míngr xīngqītiān, nǐ jiā bān ma?

男：不加班。我们的新主任人很好。
Nán：Bù jiā bān. Wǒmen de xīn zhǔrèn rén hěn hǎo.

女：新主任多大年龄？
Xīn zhǔrèn duō dà niánlíng?

男：你猜猜看。
Nǐ cāicai kàn.

女：五十几岁，对吗？
Wǔshí jǐ suì, duì ma?

男：不是五十几，才三十五岁。
Bú shì wǔshí jǐ, cái sānshiwǔ suì.

女：真年轻，他哪儿人？
Zhēn niánqīng, tā nǎr rén?

男：苏州人。
Sūzhōurén.

◎ スキットの語句

加班	jiā bān	残業する
主任	zhǔrèn	主任
猜	cāi	当てる
年轻	niánqīng	若い
苏州人	Sūzhōurén	蘇州の人

スキットの訳

女：明日は日曜ですが、残業しますか。

男：しないよ。新しい主任はいい人なんだ。

女：新しい主任はおいくつ？

男：当ててみて。

女：50何歳ですか。

男：50何歳じゃないよ。まだ35歳だよ。

女：本当に若いですね、どこの人ですか。

男：蘇州の人だよ。

● トライしよう！

1. 与えられた語句を（　）の中に入れてみよう。

    (1) 今天（　）？
    (2) 你爸爸今年（　）？
    (3) 明天（　），我们休息三天。

    a. 多大
    b. 国庆节
    c. 几号

2. 次の語句を日本語の意味に合うように、正しい語順に並べよう。

    (1) 今12時10分前です。
    　　A. 差 chà　　　　　　　　　B. 现在 xiànzài
    　　C. 十二点 shí'èr diǎn　　　D. 十分 shí fēn

    (2) この辞書は130元です。
    　　A. 一百三十块 yì bǎi sānshí kuài　　B. 词典 cídiǎn
    　　C. 本 běn　　　　　　　　　　　　　　D. 这 zhèi

    (3) 彼の奥さんは南の人ではない。
    　　A. 南方人 Nánfāngrén　　　B. 是 shì
    　　C. 不 bù　　　　　　　　　　D. 他夫人 tā fūrén

3. 中国語に訳してみよう。

    (1) 今日は金曜日で、明日休みです。
    (2) 私の父は日本人で、母が中国人です。
    (3) 弟さんは今年いくつですか。

第 2 課　●　名詞述語文

解説

1 　本文と与えられる語句の意味が合うかどうかを考える必要がありますね。（1）では"今天"と意味的に合うのは"几号"と"国庆节"（建国記念日）であり、その意味ではどちらを入れても文法的には問題はありません。ただ、（3）を見ると、後ろに"休息三天"と続くので、常識的に考えると（3）に"国庆节"を入れるのが普通です。ですから（1）には"几号"が入ることになります。残りの（2）には"多大"を入れれば、相手の年を尋ねる質問文になりますね。

2 　（1）時間表現です。時間表現の語順は「主語＋時間表現」になっています。ただし、「10分前」に相当する中国語の語順は日本語と違うので、注意するようにしましょう。

　　（2）数量表現です。「主語＋数量表現」の順番で並べれば結構です。

　　（3）名詞述語文ですが、否定文なので、否定副詞"不"と動詞の"是"が入ります。二つの語句の位置を間違えないでください。

3 　（1）二つの文からなっていますが、最初の文は時間表現なので、「主語＋時間表現」の語順で並べてみましょう。二つ目の文ですが、日本語の「休み」に相当する語句は、中国語では動詞なので注意しましょう。

　　（2）こちらも二つの文からなっています。両方とも「主語＋名詞」の順番で並べましょう。

　　（3）年齢を尋ねる表現でのポイントは、日本語の「いくつ」に相当する語句だけ使えばいいのであって、「です」に相当する動詞は使わなくてよいのです。

1 　（1）　c　　（2）　a　　（3）　b
2 　（1）　BADC　　（2）　DCBA　　（3）　DCBA
3 　（1）　今天星期五，明天休息。
　　（2）　我爸爸日本人，我妈妈中国人。
　　（3）　你弟弟今年几岁？

第3課 形容詞述語文

(CD8)

● ポイント

1. 主語＋形容詞

中国語では形容詞がそのまま述語になることができる。ただし、裸の形容詞が単独で述語になると、文がまだ終止していないという感じを与えるので、疑問形やほかのものとの比較の形で用いられることが多い。

1）昨天暖和，今天凉快。　Zuótiān nuǎnhuo, jīntiān liángkuai.
　　昨日は暖かかったが、今日は涼しい。

2）"这辆车贵吗?""不贵。"　"Zhèi liàng chē guì ma?""Bú guì."
　　「この車は高いですか？」「高くありません。」

3）这种款式好看。　Zhèi zhǒng kuǎnshì hǎokàn.
　　このデザインは見た目がいい。

2. 主語＋副詞＋形容詞

形容詞述語文では裸の形容詞が単独で述語になりにくいので、上のような疑問形やほかのものと比較する形のほかに、形容詞の前に程度を表す副詞をつけることもよくある。

1）这个电影很有意思。　Zhèi ge diànyǐng hěn yǒu yìsi.
　　この映画は面白い。

2）这儿的物价非常便宜。
　　Zhèr de wùjià fēicháng piányi.
　　ここの物価はとても安い。

3）这一带很热闹。　Zhèi yí dài hěn rènao.
　　このあたりは賑やかだ。

3. "太"＋形容詞＋"了"

この形は程度が過ぎるという意味を表し、派生的な用法としては「本当に／実に〜」という話し手の感嘆の気持ちを表す。

第3課 ● 形容詞述語文

1) 新加坡太热了。　Xīnjiāpō tài rè le.
シンガポールは暑すぎる。

2) 这件衬衫太紧了。　Zhèi jiàn chènshān tài jǐn le.
このシャツはきつすぎる。

3) 这儿的风景太美了。
Zhèr de fēngjǐng tài měi le.
ここの景色は大変美しい。

4) 这几天不太冷。
Zhè jǐ tiān bú tài lěng.
ここ数日はそれほど寒くない。

○ ポイントの語句　CD9

暖和	nuǎnhuo	暖かい
凉快	liángkuai	涼しい
贵	guì	(値段が) 高い
款式	kuǎnshì	(服などの) デザイン
好看	hǎokàn	美しい、見た目がいい
电影	diànyǐng	映画
有意思	yǒu yìsi	面白い
物价	wùjià	物価
便宜	piányi	安い
这一带	zhèi yí dài	このあたり
热闹	rènao	賑やかだ
新加坡	Xīnjiāpō	シンガポール
件	jiàn	(量詞) 服を数える
衬衫	chènshān	シャツ、ブラウス
紧	jǐn	きつい
风景	fēngjǐng	景色

今天的笔试太难了。

女：英语考试完了吗？
Nǚ：Yīngyǔ kǎoshì wánle ma?

男：完了。今天的笔试太难了。
Nán：Wán le. Jīntiān de bǐshì tài nán le.

女：真的？内容很多吗？
Zhēn de? Nèiróng hěn duō ma?

男：内容不太多，就是生词太多了。
Nèiróng bú tài duō, jiùshì shēngcí tài duō le.

女：口试容易吗？
Kǒushì róngyì ma?

男：口试还没考呢。
Kǒushì hái méi kǎo ne.

● スキットの語句

英语	Yīngyǔ	英語
考试	kǎoshì	試験
笔试	bǐshì	筆記試験
内容	nèiróng	内容
生词	shēngcí	新出単語
口试	kǒushì	口述試験
考	kǎo	試験する

スキットの訳

女：英語の試験は終わった？

男：終わったよ。今日の筆記試験は難しすぎたよ。

女：本当？量が多かったの？

男：量は多くなかったけれど、新出単語が多かった。

女：口述試験は簡単なの？

男：口述試験はまだだよ。

● トライしよう！

1. 与えられた語句を（　）の中に入れてみよう。

   （1）爸爸胖，妈妈（　）。

   （2）他孩子（　）。

   （3）这儿（　），别在这儿看书。

   a. 很聪明
   b. 太暗了
   c. 瘦

2. 次の語句を日本語の意味に合うように、正しい語順に並べよう。

   （1）弟は背が高く、兄は背が低い。
   　　A. 高 gāo　　　　B. 矮 ǎi
   　　C. 哥哥 gēge　　 D. 弟弟 dìdi

   （2）ここの交通は割合に便利です。
   　　A. 交通 jiāotōng　B. 方便 fāngbiàn
   　　C. 这里的 zhèli de D. 比较 bǐjiào

   （3）このことは複雑すぎる。
   　　A. 复杂 fùzá　　　B. 了 le
   　　C. 太 tài　　　　 D. 这件事 zhèi jiàn shì

3. 中国語に訳してみよう。

   （1）刺身はおいしいですか。

   （2）ここの物価はとても高いです。

   （3）この問題は難しすぎる。

第3課 ● 形容詞述語文

● 解説

1 全体として、まず与えられた語句と文との意味が合うかどうかを考える必要があります。ただし、形容詞述語文のとき、対比の場合は裸の形容詞のままでいいのですが、言い切りの場合、副詞の"很"などをつける必要があります。（1）には裸の形容詞を入れ、（3）は意味的に「本を読む」ことと関係するものを入れればいいですね。

2 （1）二つの文からなっていて、それぞれ「主語＋形容詞」の語順で並べれば結構です。

（2）「主語＋副詞＋形容詞」の順番で並べます。日本語の主語は「この交通」となっているので、中国語もそれに合うようにすればいいわけです。

（3）「主語＋"太"＋形容詞＋"了"」の語順に従って並べてください。

3 （1）日本語には「です」が入っていますが、中国語で表現するときは形容詞だけで十分で、"是"を加える必要はありません。

（2）日本語では「とても」はあってもなくても文は成り立ちますが、中国語では言い切りの叙述文の場合、副詞の"很"などは必須要素であることを思い出してください。

（3）日本語は「難しすぎる」とあるので、この「すぎる」に対応する"太～了"を使うのを忘れないでください。

---

1 （1） c　（2） a　（3） b
2 （1） DACB　（2） CADB　（3） DCAB
3 （1） 生鱼片好吃吗？
　（2） 这儿的物价非常贵。
　（3） 这个问题太难了。

第4課 完了を表す"了"と新事態の発生を表す"了"

● ポイント

1. 動詞＋"了"＋数量詞＋目的語

中国語では動作の完了は動詞の直後と目的語の前に"了"を置く形で表す。しかし、それだけでは文はまだ終止しにくいので、一般に目的語の前に数量表現を伴うことが多い。

1) 他写了一封信。　Tā xiěle yì fēng xìn.
　　彼は手紙を一通書いた。

2) 他要了一瓶啤酒。　Tā yàole yì píng píjiǔ.
　　彼はビールを1本注文した。

2. 動詞＋"了"＋目的語〜

この形も動作の完了の意味を表すが、「動詞＋"了"＋目的語」だけでは文が終了したことにはならないので、文が充足するようにさせる必要がある。先の目的語の前に数量表現を置く方法の替わりに、後ろにさらに文を続けても可能である。後続文にはよく"再〜""就〜"などが用いられる。

1) 我刷了牙就睡。　Wǒ shuāle yá jiù shuì.
　　歯を磨いたらすぐに寝る。

2) 他明天下了班再来。　Tā míngtiān xiàle bān zài lái.
　　彼は明日仕事が終わってから来る。

3) 吃了药再休息。　Chīle yào zài xiūxi.
　　薬を飲んだら休む。

3. 動詞＋"了"＋連体修飾語＋目的語

この形も同じく動作の完了の意味を表すが、文を充足させる方法として、上に述べた方法のほかに、目的語の前に何らかの連体修飾語を伴う方法もある。

1) 今天她买了很多菜。　Jīntiān tā mǎile hěn duō cài.
　　今日彼女はおかずの材料を沢山買った。

2) 你看，我收到了这么多贺年片。
　　Nǐ kàn, wǒ shōudàole zhème duō hèniánpiàn.
　　見て、私はこんなに沢山年賀状をもらったよ。

4. 形容詞／数量詞／名詞＋"了"

文末の"了"は新事態の発生や状態変化を表し、かつ話し手がそれを認めたという気持ちが表されている。文末の"了"は一般に形容詞、数量詞、名詞の後に位置するが、動詞の後に位置する場合、動作が完了し、かつ新事態の発生を認めた話し手の気持ちまで言い含めることができる。

1) 她喝了一口脸就红了。　Tā hēle yì kǒu liǎn jiù hóng le.
　　彼女は一口飲むと顔がすぐ赤くなった。

2) 他孩子今年 10 岁了。　Tā háizi jīnnián shí suì le.
　　彼の子供は今年 10 歳になる。

3) 已经十一点了。
　　Yǐjing shíyī diǎn le.
　　もう十一時になりました。

4) 时间真快，又是周末了。
　　Shíjiān zhēn kuài, yòu shì zhōumò le.
　　時間が経つのは本当にはやい、また週末になった。

◉ ポイントの語句　CD12

写信	xiě xìn	手紙を書く
啤酒	píjiǔ	ビール
刷牙	shuā yá	歯を磨く
下班	xià bān	仕事を終える、退勤する
吃药	chī yào	薬を飲む
收到	shōudào	受け取る
贺年片	hèniánpiàn	年賀状
脸	liǎn	顔
周末	zhōumò	週末

吃饭了！

女：李明，吃饭了！
Nǚ: Lǐ Míng, chī fàn le!

男：来了。欸？今天怎么做了这么多菜？
Nán: Lái le. Éi? Jīntiān zěnme zuòle zhème duō cài?

女：你看我还做了一个蛋糕呢。
Nǐ kàn wǒ hái zuòle yí ge dàngāo ne.

男：噢，今天是我的生日，对不对？
Ò, jīntiān shì wǒ de shēngri, duì bu duì?

女：对呀！先吃蛋糕还是先吃饭？
Duì ya! Xiān chī dàngāo háishi xiān chī fàn?

男：吃了饭再吃蛋糕吧。
Chīle fàn zài chī dàngāo ba.

○ スキットの語句

怎么	zěnme	どうして
做菜	zuò cài	料理を作る
蛋糕	dàngāo	ケーキ
生日	shēngri	誕生日

スキットの訳

女：李明、ごはんよ！

男：いま行くよ。おや？今日はどうしてこんなに沢山料理を作ったの？

女：ほら、ケーキも作ったのよ。

男：ああ、今日は僕の誕生日だ、そうだよね？

女：そうよ！先にケーキを食べる？それとも食事が先？

男：食事をしてからケーキを食べよう。

● トライしよう！

1. 与えられた語句を（　）の中に入れてみよう。

    (1) 你们打了电话（　）去找他吧。

    (2) 我看（　）三个小时电影。

    (3) 他开了（　）车。

    ```
    a. 了
    b. 再
    c. 一天
    ```

2. 次の語句を日本語の意味に合うように、正しい語順に並べよう。

    (1) 私は雑誌を3冊借りた。
    　　A. 三本 sān běn　　　　B. 借了 jièle
    　　C. 杂志 zázhì　　　　　D. 我 wǒ

    (2) あなたは今年何歳になりましたか。
    　　A. 今年 jīnnián　　　　B. 了 le
    　　C. 你 nǐ　　　　　　　D. 多大 duō dà

    (3) 乗車してから切符を買う。
    　　A. 买票 mǎi piào　　　B. 再 zài
    　　C. 车 chē　　　　　　D. 上了 shàngle

3. 中国語に訳してみよう。

    (1) 彼は料理を四つ取った。

    (2) 王さんは今年でもう60歳です。

    (3) われわれは食事をしてから出かけよう。

第4課 ● 完了を表す"了"と新事態の発生を表す"了"

● 解説

1　(1) あることをしてから、ほかの事をするという意味なので、前の文にすでに"了"が入っているので、「それから」という意味の語句を入れればよいわけですね。
　　(2) 三時間映画をみたということで、完了の意味ですね。
　　(3) 丸一日車を運転したので、運転した時間を（　）の中に入れれば結構です。
2　(1) は日本語と中国語の数量詞と名詞の順番の違いに注意しましょう。中国語では数量詞が名詞の前に置かれ、そのまま名詞を修飾することができます。
　　(2) ポイント4の構文の順番に従って、文を並べればいいです。
　　(3) は二つの出来事の順番を間違えないでください。なお"上了"がくっついた形で与えられていますが、この"了"は完了の意味を表すものです。
3　(1) まず完了の意味を表すことが分かるので、その場合動詞の直後に"了"を置くようにしてください。また数量詞を名詞の直前に置くことも大事です。
　　(2) 日本語の文末は「です」になっていますが、前に副詞の「もう」があるので、新事態の変化であり、中国語では文末に"了"を用いる必要があります。
　　(3) は2の(3)と同じパターンですね。一つ目の動詞の直後に"了"を入れて、その後に"再"も忘れないでください。

1　(1) b　(2) a　(3) c
2　(1) DBAC　(2) CADB　(3) DCBA
3　(1)　他要了四个菜。
　　(2)　老王今年已经六十岁了。
　　(3)　咱们吃了饭再走吧。

第5課　助動詞の"会"、"能"、"可以"

ポイント

1. "会"＋動詞

"会"は動詞の前に置かれ、学習や練習などによってある種の技能が身についてできるという意味を表す。

1) 你会骑自行车吗？
   Nǐ huì qí zìxíngchē ma?
   あなたは自転車に乗れますか。

2) 我会下象棋，不会打麻将。
   Wǒ huì xià xiàngqí, bú huì dǎ májiàng.
   私は中国将棋はできるが、マージャンはできない。

3) 你会说几种外语？
   Nǐ huì shuō jǐ zhǒng wàiyǔ?
   あなたは何ヶ国語を話すことができますか。

2. "能"＋動詞

"能"は動詞の前に置かれ、能力あるいは客観的な条件が備わっていてできるという意味を表す。

1) 这个行李不重，我自己能拿。
   Zhèi ge xíngli bú zhòng, wǒ zìjǐ néng ná.
   この荷物は重くないので、自分で持てます。

2) 你的心情我能理解。
   Nǐ de xīnqíng wǒ néng lǐjiě.
   あなたの気持ちは理解できます。

3) 这种活动外国人也能参加吗？
   Zhèi zhǒng huódòng wàiguórén yě néng cānjiā ma?
   このような活動には外国人も参加できますか。

3. "可以" ＋動詞

"可以"は、客観的な条件が備わっていてできることから許可の意味を表したり、勧めの意味を表す。日本語の訳として、「〜できる」、「〜していい」のほかに、「〜すればいい」を用いることもある。

1） 飞机上可以抽烟吗？
　　Fēijī shang kěyǐ chōu yān ma?
　　飛行機でたばこを吸っていいですか。

2） 不满意的话，可以退货。
　　Bù mǎnyì de huà, kěyǐ tuì huò.
　　気に入らないならば返品できます。

3） 这种事情不可以马虎。
　　Zhèi zhǒng shìqing bù kěyǐ mǎhu.
　　こういったことはいい加減にすることはできない。

● ポイントの語句　CD15

骑	qí	（またがって）乗る
自行车	zìxíngchē	自転車
下象棋	xià xiàngqí	中国将棋をする
打麻将	dǎ májiàng	マージャンをする
理解	lǐjiě	理解する
飞机	fēijī	飛行機
抽烟	chōu yān	たばこを吸う
满意	mǎnyì	満足する、気に入る
退货	tuì huò	商品を返却する、返品する
马虎	mǎhu	いい加減だ（にする）

你会说法语吧？

男：小赵，你会说法语吧？
Nán：Xiǎo-Zhào, nǐ huì shuō Fǎyǔ ba?

女：会说一点儿。
Nǚ：Huì shuō yìdiǎnr.

男：下星期公司要接待几位法国客人，你能当一下翻译吗？
Xià xīngqī gōngsī yào jiēdài jǐ wèi Fǎguó kèren, nǐ néng dāng yíxià fānyì ma?

女：行啊。只是我怕翻不好。
Xíng a. Zhǐshì wǒ pà fānbuhǎo.

男：不要紧。你可以先看一下有关洽谈的资料。
Bú yàojǐn. Nǐ kěyǐ xiān kàn yíxià yǒuguān qiàtán de zīliào.

女：好吧。过一会儿我去取。
Hǎo ba. Guò yíhuìr wǒ qù qǔ.

○ スキットの語句

法语	Fǎyǔ	フランス語
接待	jiēdài	接待する
法国	Fǎguó	フランス
当	dāng	担当する、なる
翻译	fānyì	通訳（する）
怕	pà	心配する
不要紧	bú yàojǐn	構わない
有关	yǒuguān	〜に関する、〜についての
洽谈	qiàtán	面談する、商談する
取	qǔ	取る

第5課 ● 助動詞の"会"、"能"、"可以"

スキットの訳

男：趙さん、きみフランス語できるよね。

女：少し話せます。

男：来週会社でフランス人のお客さんを数人接待するのだけれど、通訳してくれないかな。

女：いいですよ。ただ、うまく通訳できるか心配ですが。

男：構わないよ。商談に関する資料は前もって見られるから。

女：わかりました。後で取りに行きます。

● トライしよう！

1．与えられた語句を（　）の中に入れてみよう。

　　（1）听说你也（　）拉二胡啊。

　　（2）我今天喝酒了，不（　）开车。

　　（3）不喜欢的话，（　）不要。

　　　　　a. 能
　　　　　b. 可以
　　　　　c. 会

2．次の語句を日本語の意味に合うように、正しい語順に並べよう。

　　（1）彼はウィスキーを一本飲める。
　　　　A. 威士忌 wēishìjì　　B. 他 tā
　　　　C. 一瓶 yì píng　　　D. 喝 hē
　　　　E. 能 néng

　　（2）私はゴルフができません。
　　　　A. 不 bù　　　　　　B. 我 wǒ
　　　　C. 会 huì　　　　　D. 高尔夫球 gāo'ěrfūqiú
　　　　E. 打 dǎ

　　（3）まず一週間お試しいただけます。
　　　　A. 你 nǐ　　　　　　B. 一个星期 yí ge xīngqī
　　　　C. 先 xiān　　　　　D. 可以 kěyǐ
　　　　E. 试 shì

3．中国語に訳してみよう。

　　（1）（あなたは）ピアノが弾けますか。

　　（2）ここに座ってもよろしいですか。

　　（3）彼女は今日用事で来られなくなりました。

第5課 ● 助動詞の"会"、"能"、"可以"

● 解説

1 （1）楽器の"二胡"ができるというのは、ポイントで説明した技能になりますね。技能の場合はどれを使うか考えれば結構です。

（2）「車を運転できない」のは、いわゆる客観的な条件（飲酒）によるもので、技能とは関係ありませんね。

（3）消去法でいくと、残りの"可以"しかないですね。でも"可以"は許容や勧めの表現としても使えるので、意味としても問題はないですね。

2 （1）助動詞"能"の位置と数量詞"一瓶"の位置をきちんと覚えればできる問題です。

（2）技能の否定です。否定の"不"はどこに置くかがポイントですね。

（3）勧めの表現です。副詞の"先"や時間を表す語句"一个星期"の置かれる位置に気をつけましょう。

3 （1）技能を聞く表現ですね。技能の場合は"能"と"会"のどちらを用いるのでしょうか。

（2）許可を求める表現です。許可の場合は一般に何を用いるか考えてください。

（3）客観的な条件として不可能になったという意味で、"能"が一番ぴったりですね。

---

1 （1） c （2） a （3） b
2 （1） BEDCA （2） BACED （3） ADCEB
3 （1） 你会弹钢琴吗？
　（2） 我可以坐这儿吗？
　（3） 她今天有事，不能来了。

コラム1　挨拶の違い

　人に会うときには挨拶を交わすものです。日本人も中国人も人に会ったら挨拶をします。しかし、どのような挨拶をするのかは必ずしも同じではありません。日本語の場合、朝は「おはようございます」、昼間は「こんにちは」、夜は「今晩は」と判で押したように挨拶します。たとえ相手が毎日会っている人でも同じです。ですから、日本人ならそれぞれの挨拶に対応する中国語が"你早"（nǐ zǎo）、"你好"（nǐ hǎo）、"晚上好"（wǎnshang hǎo）と習えば、日本語と同じ感覚で使うのも無理はありません。

　しかし、中国人同士ではこのような挨拶は初対面の場合は使いますが、毎日会っている人にはまずこのような挨拶を交わすことはありません。実際、中国人の日常挨拶はもっとフレキシブルにやるものです。例えば、朝出勤に行くのを見ると"上班去啊"（shàng bān qù a）（会社へ行くのですか）と言い、会社からの帰りなら、"下班啦"（xià bān la）（会社帰りですか）や"回来啦"（huílai la）（お帰り）のように言ったりします。また買い物のときに出くわした際の"买东西啊？"（mǎi dōngxi a）（お買い物ですか）というのも挨拶になります。

　さらに、食事をするときについては、"我先吃啦"（wǒ xiān chī la）（先に食べますよ）と言ったり、何も言わずに食べだしてもかまいません。食事のあとも同じで、そのときの状況に応じて"我吃完了"（wǒ chī wán le）（食べ終わりました）や"我吃饱了"（wǒ chībǎo le）（お腹いっぱい食べました）、あるいは"太好吃了"（tài hǎo chī le）（本当においしかった）というような挨拶もよく聞かれます。

　要するに中国語では日本語のような決まりきった挨拶ではなく、臨機応変にその場の状況に合わせて挨拶することが大事なのです。

発展編

第6課:程度を表す"有点儿"と"一点儿" / 第7課:前置詞の"离"、"跟"、"从" / 第8課:"给"、"为"、"帮" / 第9課:時間量と回数を表す構文 / 第10課:進行と持続を表す"在"と"着" / 第11課:存現文

第6課　程度を表す"有点儿"と"一点儿"

(CD17)

ポイント

1. "有点儿"＋形容詞／動詞

"有点儿"は形容詞や状態動詞の前に置かれ、「ちょっと」、「なんだか」などの意味を表す。一般に望ましくないことに用いられる。

1) 我有点儿不舒服，可能感冒了。
   Wǒ yǒudiǎnr bù shūfu, kěnéng gǎnmào le.
   私はなんだか気分がよくない。風邪を引いたかもしれない。

2) 今天的菜有点儿咸了。
   Jīntiān de cài yǒudiǎnr xián le.
   今日の料理はちょっとしょっぱい。

3) 你有点儿累了，早点儿休息吧。
   Nǐ yǒudiǎnr lèi le, zǎo diǎnr xiūxi ba.
   ちょっと疲れたでしょう、はやく休んで。

2. 形容詞／動詞＋"一点儿"

"一点儿"は形容詞や動詞の後に置かれ、「ちょっと」、「少し」の意味を表す。
（"一点儿"の"一"がしばしば省略され、"点儿"の形でも用いられる。）

1) 这个颜色深了点儿，有没有浅一点儿的？
   Zhèi ge yánsè shēnle diǎnr, yǒu méiyou qiǎn yìdiǎnr de?
   この色は少し濃い。ちょっと薄い色のはないですか。

2) 已经不早了，路上小心点儿。
   Yǐjing bù zǎo le, lùshang xiǎoxīn diǎnr.
   もう遅いから、途中気をつけて。

3) 能不能再写得大一点儿？
   Néng bu néng zài xiěde dà yìdiǎnr?
   もう少し大きく書いてくれませんか。

3. "一点儿"+"都／也"

"一点儿"は"都"や"也"と一緒に否定の形で用いられると「少しも」、「全然」の意味を表す。

1）这个孩子一点儿都不听话。
　　Zhèi ge háizi yìdiǎnr dōu bù tīng huà.
　　この子はちっとも言うことを聞かない。

2）那场比赛一点儿也不精彩。
　　Nèi chǎng bǐsài yìdiǎnr yě bù jīngcǎi.
　　あの試合はちっとも面白くなかった。

3）我最近一点儿也不忙。
　　Wǒ zuìjìn yìdiǎnr yě bù máng.
　　わたしは最近全然忙しくない。

◯ ポイントの語句　CD18

不舒服	bù shūfu	気分が悪い
可能	kěnéng	〜かもしれない
感冒	gǎnmào	風邪、風邪を引く
咸	xián	塩辛い
累	lèi	疲れている
颜色	yánsè	色
深	shēn	（色が）濃い
浅	qiǎn	（色が）薄い
小心	xiǎoxīn	気をつける
听话	tīng huà	言うことを聞く
场	chǎng	（量詞）回数を数える
比赛	bǐsài	試合
精彩	jīngcǎi	素晴らしい

有没有深一点儿的？

女：先生，您看这套西装怎么样？
Nǚ：Xiānsheng, nín kàn zhèi tào xīzhuāng zěnmeyàng?

男：这套颜色有点儿淡了，有没有深一点儿的？
Nán：Zhèi tào yánsè yǒudiǎnr dàn le, yǒu méiyou shēn yìdiǎnr de?

女：您看这个颜色可以吗？
Nín kàn zhèi ge yánsè kěyǐ ma?

男：这个颜色不错，有中号的吗？
Zhèi ge yánsè bú cuò, yǒu zhōnghào de ma?

女：对不起，这个颜色只有小号和大号的。
Duìbuqǐ, zhèi ge yánsè zhǐ yǒu xiǎohào hé dàhào de.

男：是吗？大号有点儿大，小号呢，又小了点儿。
Shì ma? Dàhào yǒudiǎnr dà, xiǎohào ne, yòu xiǎole diǎnr.

○ スキットの語句

套	tào	(量詞)セットになるものを数える
西装	xīzhuāng	スーツ
淡	dàn	(色が) 薄い
不错	bú cuò	悪くない、良い

スキットの訳

女：お客さま、こちらのスーツはいかがですか。

男：これは色がちょっと薄いな。もうちょっと濃いのはない？

女：この色ならよろしいですか。

男：これは色が悪くないね、Mサイズはありますか。

女：申し訳ありません、この色はSサイズかLサイズしかございません。

男：本当？Lサイズだとちょっと大きいし、Sサイズだとちょっと小さいな。

● トライしよう！

1. 与えられた語句を（　）の中に入れてみよう。

　　（1）今天他的脸色（　）难看。
　　（2）明天你尽量早（　）来。
　　（3）那本书（　）没意思。

　　a. 一点儿也
　　b. 有点儿
　　c. 一点儿

2. 次の語句を日本語の意味に合うように、正しい語順に並べよう。

　　（1）あの映画は少しも面白くない。
　　　　A. 电影 diànyǐng　　B. 不好看 bù hǎokàn
　　　　C. 一点儿 yìdiǎnr　　D. 那个 nèi ge
　　　　E. 也 yě

　　（2）私の腕時計は少し遅れている。
　　　　A. 手表 shǒubiǎo　　B. 了 le
　　　　C. 点儿 diǎnr　　　　D. 慢 màn
　　　　E. 我的 wǒ de

　　（3）私はなんだか気分はあまりよくない。
　　　　A. 我 wǒ　　　　　　B. 舒服 shūfu
　　　　C. 不 bù　　　　　　D. 有点儿 yǒudiǎnr
　　　　E. 太 tài

3. 中国語に訳してみよう。

　　（1）私は少し眠くなってきた。
　　（2）彼の病気は少しよくなりましたか。
　　（3）私は少しも緊張していない。

第6課 ● 程度を表す"有点儿"と"一点儿"

解説

1 　形容詞の前には"有点儿"、形容詞の後には"一点儿"、そして、"一点儿也"の後には否定がくることをおさえておけば、3問とも解けるはずです。さらにもう一つヒントを言えば、"有点儿"の後には望ましくない形容詞が用いられるということです。

2 　（1）日本語の「少しも」に対応するのは"一点儿也"であることを覚えましょう。そしてこの語句が形容詞の前に置かれることもあわせて覚えておきましょう。
　　（2）日本語の「少し」に対し、中国語では"一点儿"と"有点儿"で対応することができますが、1で書いたように、"一点儿"は形容詞の後に置かれます。なお、"点儿"は"一点儿"の省略した形です。
　　（3）"有点儿"は形容詞の前に置き、望ましくない状態を表します。

3 　（1）眠くなることは望ましくない状態とみなされるので、どちらを使うか検討がつくでしょう。
　　（2）病気がよくなることは当然望ましい状態であるので、（1）とあわせて考えれば正解に辿り着けますね。
　　（3）「少しも」に相当する中国語が何であるかを思い出してください。これさえ正しく使えれば、あとは簡単です。

1 　（1）　b　　（2）　c　　（3）　a
2 　（1）DACEB　　（2）EADBC　　（3）ADCEB
3 　（1）我有点儿困了。
　　（2）他的病好点儿了吗？
　　（3）我一点儿都不紧张。

第7課 前置詞の "离"、"跟"、"从"

● ポイント

1. "离" ＋名詞＋形容詞／動詞

"离" は距離や時間の隔たりを表す。時間の隔たりを表すときは日本語では一般に「～まで」で訳す。

1) 上海**离**苏州远不远？
   Shànghǎi lí Sūzhōu yuǎn bu yuǎn?
   上海は蘇州まで遠いですか。

2) 这儿**离**车站很近，我们走着去吧。
   Zhèr lí chēzhàn hěn jìn, wǒmen zǒuzhe qù ba.
   ここは駅まで近いから、歩いて行きましょう。

3) **离**考试还有一个多月。
   Lí kǎoshì hái yǒu yí ge duō yuè.
   試験まであと一ヶ月あまりある。

2. "跟" ＋名詞＋動詞

"跟" は一緒に動作を行う対象を表す用法と、動作の向かう相手や動作の出所を示す用法がある。

1) 哥哥**跟**弟弟一起参加了比赛。
   Gēge gēn dìdi yìqǐ cānjiāle bǐsài.
   兄は弟と一緒に試合に参加した。

2) 我想**跟**你商量一件事。
   Wǒ xiǎng gēn nǐ shāngliang yí jiàn shì.
   あなたに相談したいことがあります。

3) 你是**跟**谁学的汉语？
   Nǐ shì gēn shéi xué de Hànyǔ?
   あなたは誰に中国語を習っていますか。

3. "从"＋名詞＋動詞

"从"は動作の起点や通過点を表すことができる。

1) 从这儿走太远了。
   Cóng zhèr zǒu tài yuǎn le.
   ここから行くと遠すぎる。

2) 前门关着，从后门进去吧。
   Qiánmén guānzhe, cóng hòumén jìnqu ba.
   表門は閉まっているから、裏門から入ろう。

3) 他不小心从楼梯上摔了下来。
   Tā bù xiǎoxīn cóng lóutī shang shuāile xialai.
   彼はうっかりして階段から転げ落ちた。

◯ ポイントの語句　CD21

远	yuǎn	遠い
近	jìn	近い
商量	shāngliang	相談する
前门	qiánmén	表門
关	guān	閉める
后门	hòumén	裏門
不小心	bù xiǎoxīn	うっかりして
楼梯	lóutī	階段
摔下来	shuāixialai	転げ落ちる

从大路走还是从小路走？

男：这儿离王老师家不远，咱们走着去吧。
Nán： Zhèr lí Wáng lǎoshī jiā bù yuǎn, zánmen zǒuzhe qù ba.

女：你认识路吗？
Nǚ： Nǐ rènshi lù ma?

男：我以前跟小赵去过一次，大概没问题。
Wǒ yǐqián gēn Xiǎo-Zhào qùguo yí cì, dàgài méi wèntí.

女：得走多长时间？
Děi zǒu duō cháng shíjiān?

男：得走二十分钟左右。
Děi zǒu èrshí fēn zhōng zuǒyòu.

女：从大路走还是从小路走？
Cóng dà lù zǒu háishi cóng xiǎo lù zǒu?

男：从小路走近。
Cóng xiǎo lù zǒu jìn.

◯ スキットの語句

咱们	zánmen	（相手を含む）私たち
认识	rènshi	知っている
大概	dàgài	多分、おそらく
没问题	méi wèntí	問題ない、大丈夫
多长	duō cháng	どのくらい
左右	zuǒyòu	〜くらい
大路	dà lù	大通り
小路	xiǎo lù	裏道

スキットの訳

男：ここは王先生の家まで遠くないから、歩いていこう。

女：道を知っているの？

男：以前趙さんと行ったことがあるから、多分大丈夫。

女：どのくらい歩かないといけないの。

男：20分くらい。

女：大通りを行くの、それとも裏道を行くの？

男：裏道を行った方が近いよ。

● トライしよう！

1. 与えられた語句を（　）の中に入れてみよう。

 （1）我家（　）机场很近。

 （2）大路不通，（　）小路走吧。

 （3）他孩子经常（　）他要钱。

  a. 从
  b. 跟
  c. 离

2. 次の語句を日本語の意味に合うように、正しい語順に並べよう。

 （1）卒業まであと一ヶ月ある。
  A. 毕业 bì yè　　B. 月 yuè
  C. 一个 yí ge　　D. 还有 hái yǒu
  E. 离 lí

 （2）(君に) 尋ねたいことがあります。
  A. 跟 gēn　　B. 一件事 yí jiàn shì
  C. 打听 dǎting　　D. 我 wǒ
  E. 你 nǐ

 （3）ここから行くと割合に近い。
  A. 出发 chūfā　　B. 比较 bǐjiào
  C. 近 jìn　　D. 这儿 zhèr
  E. 从 cóng

3. 中国語に訳してみよう。

 （1）明日主人と一緒に来ます。

 （2）(われわれは) 裏道を行きましょう。

 （3）休暇まであと何日ある？

● 解説

1　（1）自分の家と空港との間の空間的距離が短いことを表す表現です。どんな前置詞が入るかおのずと分かりますね。

　　（2）いわば動作の通過点を表す用法なので、通過点を示す前置詞が何であるかが分かれば解ける問題です。

　　（3）動作の相手を表す前置詞が要求されます。その前置詞を使えば結構です。

2　（1）日本語では「卒業まで」となっていますが、中国語ではあくまでも時間の隔たりを表す表現になっています。

　　（2）動作の相手を表す前置詞"跟"は相手の前に置き、そして目的語は動詞の後に置かれるのが普通の語順であることを忘れないでください。

　　（3）やや複雑ですが、動作の起点を表す文が主語として機能し、さらに形容詞が続く、二段構えの表現になっています。

3　（1）「主人と」とあるので、動作の相手を示す前置詞を使って作文します。ただ、「一緒に」もあるので、それに相当する中国語も忘れないでください。

　　（2）「裏道を」とは通過点を表す用法ですね。通過点がどんな前置詞を使うかをしっかりおさえておけば簡単ですね。

　　（3）**2**（1）でも説明しましたが、日本語では「まで」となっていますが、中国語では時間の隔たりは"离"を使えばいいのです。

1　（1）c　（2）a　（3）b
2　（1）EADCB　（2）DAECB　（3）EDABC
3　（1）明天我跟我丈夫一起来。
　　（2）咱们从小路走吧。
　　（3）离放假还有几天？

第8課 "给"、"为"、"帮"

● ポイント

1. X＋"给"＋Y＋動詞

Xが行為し、その結果Yに対するものの移動や利益の授受を伴うという意味を表す。"给"は前置詞で、ものの移動や受益の対象を導く。日本語では場合によって「～してあげる／してくれる」と訳されることがある。

1）我最近没有给家里写信。
　　Wǒ zuìjìn méiyou gěi jiāli xiě xìn.
　　私は最近家族に手紙を書いていない。

2）老师给我们介绍了一些中国的情况。
　　Lǎoshī gěi wǒmen jièshàole yìxiē Zhōngguó de qíngkuàng.
　　先生は私たちに中国の様子を少し紹介してくれた。

3）你能不能给我们翻译一下？
　　Nǐ néng bu néng gěi wǒmen fānyì yíxià?
　　（私たちのために）ちょっと通訳してくれませんか。

2. X＋"为"＋Y＋動詞

XがYのために何かをする、あるいはYが原因でXが動作、作用をするという意味を表す。"为"は奉仕の対象、また原因を導く前置詞である。

1）今天老陈为大家准备了一桌丰盛的晚餐。
　　Jīntiān Lǎo-Chén wèi dàjiā zhǔnbèile yì zhuō fēngshèng de wǎncān.
　　今日陳さんが皆さんのためにテーブルいっぱいの夕食を用意してくれました。

2）全班同学明天为我饯行。
　　Quán bān tóngxué míngtiān wèi wǒ jiànxíng.
　　クラス全員が明日私のために送別会を開いてくれる。

3) 别**为**这么点儿小事生气。
   Bié wèi zhème diǎnr xiǎoshì shēng qì.
   そんな些細なことで怒らないで。

3. X＋"帮"＋Y＋動詞

同じくXがYのために何かをするという意味を表すが、もともとXがYのすることを手伝うという意味から生じたものである。

1) 能不能请你**帮**我办一下手续？
   Néng bu néng qǐng nǐ bāng wǒ bàn yíxià shǒuxù?
   ちょっと手続きをするので手伝ってもらえませんか。

2) 请你**帮**我把作业交给老师好吗？
   Qǐng nǐ bāng wǒ bǎ zuòyè jiāogěi lǎoshī hǎo ma?
   宿題を私の代わりに先生に渡してくれませんか。

3) 他**帮**我订了一张明天的飞机票。
   Tā bāng wǒ dìngle yì zhāng míngtiān de fēijīpiào.
   彼は私の代わりに飛行機の券を一枚予約してくれた。

◯ ポイントの語句　CD24

介绍	jièshào	紹介する
准备	zhǔnbèi	準備する、用意する
一桌	yì zhuō	一卓
丰盛	fēngshèng	ご馳走、盛りだくさん
晚餐	wǎncān	ディナー
饯行	jiànxíng	送別会を開く
小事	xiǎoshì	些細なこと
生气	shēng qì	怒る

我能为你们做点儿什么？

女：你这是去干什么？
Nǚ：Nǐ zhè shì qù gàn shénme?

男：我太太住院了，我去给她送饭。
Nán：Wǒ tàitai zhù yuàn le, wǒ qù gěi tā sòng fàn.

女：病得厉害吗？
Bìngde lìhai ma?

男：不太厉害。过两天就可以出院了。
Bú tài lìhai. Guò liǎng tiān jiù kěyǐ chū yuàn le.

女：我能为你们做点儿什么？
Wǒ néng wèi nǐmen zuò diǎnr shénme?

男：孩子一会儿放学回来，您能帮我照看一下吗？
Háizi yíhuìr fàng xué huílai, nín néng bāng wǒ zhàokàn yíxià ma?

女：没问题。有事儿尽管说。
Méi wèntí. Yǒu shìr jǐnguǎn shuō.

● スキットの語句

太太	tàitai	妻、奥さん
住院	zhù yuàn	入院する
厉害	lìhai	ひどい
出院	chū yuàn	退院する
放学	fàng xué	学校が終わる
照看	zhàokàn	世話をする

スキットの訳

女：何しに行くのですか。

男：家内が入院したので食事を持っていくところです。

女：病気はひどいのですか。

男：たいしたことはありません。二、三日したら退院できます。

女：何かお手伝いできることはありませんか。

男：子供がもうすぐ学校から帰ってきますから、ちょっと面倒見てもらえますか。

女：いいですよ。用があるときは遠慮なく言ってください。

● **トライしよう！**

1. 与えられた語句を（　）の中に入れてみよう。

    (1) 他（　）我出了很多力。

    (2) 请你（　）我打听一下好吗？

    (3) 他（　）女朋友买了很多礼物。

    a. 给
    b. 为
    c. 帮

2. 次の語句を日本語の意味に合うように、正しい語順に並べよう。

    (1) 彼女はよくEメールをくれる。
    　　A. 写伊妹儿 xiě yīmèir　　B. 她 tā
    　　C. 常常 chángcháng　　　D. 我 wǒ
    　　E. 给 gěi

    (2) 誰がお子さんの面倒を見てくれるの？
    　　A. 帮 bāng　　　　　　　B. 谁 shéi
    　　C. 孩子 háizi　　　　　　D. 你 nǐ
    　　E. 照顾 zhàogu

    (3) そんな些細なことで悩まないでください。
    　　A. 别 bié　　　　　　　　B. 小事 xiǎoshì
    　　C. 为 wèi　　　　　　　　D. 烦恼 fánnǎo
    　　E. 那么点儿 nàme diǎnr

3. 中国語に訳してみよう。

    (1) ちょっと調べるのを手伝ってもらえますか。

    (2) ちょっと皆様にご説明致します。

    (3) 彼は我々のためにたくさんのことをしてくれました。

第8課 "给"、"为"、"帮"

● 解説

1 　与えられた語句はいずれもXがYのために何かをするという意味を表し、やや紛らわしいのですが、しいて言うなら"为"は相手を奉仕の対象として考える場合に用いられ、"帮"はもともと相手のすることを手伝う意味から相手の代わりに何かをする意味へと拡張したものです。"给"はものの移動を伴う場合に用いられることが多いです。このようなことを念頭に入れて語句を入れてみてください。

2 　（1）は副詞の入る位置に注意しながら、「X＋"给"＋Y＋動詞」の語順で並べれば結構です。

　　（2）もポイントで示した「X＋"帮"＋Y＋動詞」の語順で並べましょう。

　　（3）は語順が大事であることもさることながら、この"为"は原因を導く前置詞であることもあわせて覚えてください。

3 　（1）実際に相手に手伝ってもらうことなので、どの前置詞を使うか分かりますね。また、日本語の「〜てもらえますか」に対応する中国語の表現も忘れずに。

　　（2）「誰かに説明する」というのは情報が相手のところにいくということであり、それに合った語句を選択すればいいわけです。

　　（3）「我々のために」は奉仕の相手であるとみなしているので、"为"が一番適切な表現でしょう。

1 　（1）b 　（2）c 　（3）a
2 　（1）BCEDA 　（2）BADEC 　（3）ACEBD
3 　（1）请帮我查一下好吗？
　　（2）我来给大家说明一下。
　　（3）他为我们做了很多事情。

第9課 時間量と回数を表す構文

CD26

● ポイント

1. 動詞＋時間量／回数＋目的語

動作の時間量（時間の幅）や回数を表す表現は動詞の後、目的語の前に置かれる。ただし、目的語の名詞が人称代名詞の場合はその後に置かれる。

1) 我昨天看了三个小时电视。
   Wǒ zuótiān kànle sān ge xiǎoshí diànshì.
   私は昨日テレビを3時間見た。

2) 去年他去了三次香港。
   Qùnián tā qùle sān cì Xiānggǎng.
   去年彼は香港に3回行った。

3) 昨天我等了他一上午。
   Zuótiān wǒ děngle tā yí shàngwǔ.
   昨日私は午前中ずっと彼を待っていた。

2. 動詞＋"了"＋時間量／回数＋"了"

動詞の直後に完了の"了"を置き、さらに時間量や回数を表す表現の後にも文末の"了"を加えると、動作（或いは結果の状態）が持続する時間あるいは動作の行われる回数を表すことができる。またこの構文は話す時点においてもなおその動作（状態）が続いていることを含意している。

1) 山本学了两年汉语了。
   Shānběn xuéle liǎng nián Hànyǔ le.
   山本さんは中国語を学んで二年になる。

2) 胁本在北京住了十几年了。
   Xiéběn zài Běijīng zhùle shí jǐ nián le.
   脇本さんは北京に十数年住んでいる。

3) 小池已经当了二十年律师了。
   Xiǎochí yǐjing dāngle èrshí nián lǜshī le.
   小池さんはすでに弁護士になって20年になる。

3. 時間量／回数＋動詞＋時間量／回数

時間量や回数を表す表現が連用修飾語として用いられる場合は、動作の行われる範囲を示す。

1) 这个药一次吃两片。
   zhèi ge yào yí cì chī liǎng piàn.
   この薬は1回に二錠飲みます。

2) 他们老板一年要去好几趟中国。
   Tāmen lǎobǎn yì nián yào qù hǎo jǐ tàng Zhōngguó.
   彼らの社長は一年に何度も中国へ行く。

3) 一个星期游两次泳。
   Yí ge xīngqī yóu liǎng cì yǒng.
   一週間に2回泳ぐ。

◯ ポイントの語句　CD27

小时	xiǎoshí	時間
电视	diànshì	テレビ
等	děng	待つ
律师	lǜshī	弁護士
药	yào	薬
片	piàn	（量詞）錠
老板	lǎobǎn	社長
趟	tàng	（量詞）回数を数える
游泳	yóu yǒng	泳ぐ

还得吃几天？

女：大夫，我已经吃了一个星期药了，怎么还不好？
Nǚ：Dàifu, wǒ yǐjing chīle yí ge xīngqī yào le, zěnme hái bù hǎo?

男：不要着急，我再给你换一种药。
Nán：Bú yào zháojí, wǒ zài gěi nǐ huàn yì zhǒng yào.

女：这个药也是一天吃三次吗？
Zhèi ge yào yě shì yì tiān chī sān cì ma?

男：不，这个药一天吃一次。
Bù, zhèi ge yào yì tiān chī yí cì.

女：还得吃几天？
Hái děi chī jǐ tiān?

男：再给你开一个星期吧。
Zài gěi nǐ kāi yí ge xīngqī ba.

● スキットの語句

大夫	dàifu	医者
着急	zháojí	あせる、心配する
换	huàn	交換する
得	děi	〜しなければならない
开（药）	kāi(yào)	（薬を）処方する

スキットの訳

女：先生、もう薬を一週間飲んでいますが、どうしてまだ良くならないのでしょう？

男：心配しないで下さい、薬を変えますから。

女：その薬も一日3回飲むのですか？

男：いえ、この薬は一日1回です。

女：あと何日飲まないといけませんか？

男：もう一週間分出しておきましょう。

● トライしよう！

1．与えられた語句を（　　　）の中に入れてみよう。

(1) 他已经当了（　）总经理了。

(2) 他昨天开了（　）汽车。

(3) 这个药（　）只能吃（　）。

a．一片
b．五个小时
c．一次
d．十年

2．次の語句を日本語の意味に合うように、正しい語順に並べよう。

(1) 私はあなたをずいぶん探していたよ。
　　A．我 wǒ　　　　B．了 le
　　C．你 nǐ　　　　D．找了 zhǎole
　　E．半天 bàn tiān

(2) 彼女は一日に2回お風呂に入る。
　　A．她 tā　　　　B．澡 zǎo
　　C．洗 xǐ　　　　D．两次 liǎng cì
　　E．一天 yì tiān

(3) この本は私3回読んだ。
　　A．我 wǒ　　　　B．三遍 sān biàn
　　C．了 le　　　　D．这本书 zhèi běn shū
　　E．看 kàn

3．中国語に訳してみよう。

(1) あなたは一年に何回旅行するの？

(2) 彼はすでに12時間寝ているよ。

(3) 彼女は昨日十数時間飛行機に乗った。

解説

1　それぞれの文の全体の意味を考え、常識に従って、それに合った語句を入れればいいのです。（3）では二つ空欄があり、前の空欄は動作の範囲、基準を示すもので、後ろの空欄は目的語として実際に薬の量を表す語句を入れれば結構です。

2　（1）ポイント1の説明にあるように、目的語の名詞が人称代名詞なので、「動詞＋目的語＋時間量」の語順で並べないといけませんね。

（2）"一天"は動作の範囲、基準を示す単語であることと、"两次"は動詞"洗"と名詞"澡"の間に入ることを心がけてください。

（3）"这本书"を話題として文頭に置くことがポイントです。あとは"了"の位置。ここは単なる完了を表すものです。

3　（1）「一年」は動作の範囲、基準を表す単語で、「何回」は動作の数量を表す単語であることをしっかりおさえておけば正解にたどり着けます。

（2）すでに12時間寝ていて、かつ今も続いていることですから、二つの"了"が必要になりますね。

（3）「動詞＋時間量＋目的語」の語順で作文すれば結構です。ただ、いまは乗っていないから、"了"の位置はどこに入るか分かりますね。

1　（1）d　（2）b　（3）c, a
2　（1）ADCEB　（2）AECDB　（3）DAECB
3　（1）你一年旅行几次？
　　（2）他已经睡了十二个小时了。
　　（3）她昨天坐了十几个小时飞机。

第10課　"在"と"着"
進行と持続を表す

CD29

● ポイント

1. "在"＋動詞

"在"は副詞として動詞の前に置かれ、動作が進行中であることを表す。副詞の"正"（まさに～）や語気助詞の"呢"と一緒に用いることもできる。否定は「没(有)＋動詞」の形を用いる。

1) "你爸爸呢？" "他在听中文广播。"
   Nǐ bàba ne? Tā zài tīng Zhōngwén guǎngbō.
   「お父さんは？」「中国語のラジオ放送を聞いているよ。」

2) 我去的时候，他正在做作业呢。
   Wǒ qù de shíhou, tā zhèng zài zuò zuòyè ne.
   私が行ったとき、彼はちょうど宿題をやっていた。

3) 这件事情还在调查，还没有结果。
   Zhèi jiàn shìqing hái zài diàochá, hái méiyou jiéguǒ.
   この件はまだ調査中で、結果が出ていない。

4) "你在想什么呢？" "没想什么。"
   Nǐ zài xiǎng shénme ne? Méi xiǎng shénme.
   「何を考えているの？」「何も考えてないよ。」

2. 動詞＋"着"

"着"は動詞の直後に置き、動作が持続しているか、あるいは動作の結果の状態が持続しているという意味を表す。動作の持続に対する否定は"没(有)＋動詞"の形を用い、状態の持続に対する否定は"没＋動詞＋着"の形が用いられる。

1) 大家很认真地听着报告。
   Dàjiā hěn rènzhēnde tīngzhe bàogào.
   みんな真剣に報告を聞いている。

2) "你的笔借我写一下好吗？" "对不起，我正用着呢。"
   Nǐ de bǐ jiè wǒ xiě yíxià hǎo ma? Duìbuqǐ, wǒ zhèng yòngzhe ne.
   「きみのペン、ちょっと借りてもいい？」「ごめんなさい、今使っているところです。」

3) 会场里坐着很多学生。
   Huìchǎng li zuòzhe hěn duō xuésheng.
   会場には多くの学生が座っている。

4) 今天他戴着一条红领带。
   Jīntiān tā dàizhe yì tiáo hóng lǐngdài.
   今日彼は赤いネクタイを締めている。

5) 门没有锁着。
   Mén méiyou suǒzhe.
   ドアは鍵がかかっていない。

ポイントの語句　(CD30)

中文广播	Zhōngwén guǎngbō	中国語のラジオ放送
做作业	zuò zuòyè	宿題をする
调查	diàochá	調査する
认真地	rènzhēnde	真剣に
戴	dài	身につける
领带	lǐngdài	ネクタイ
锁	suǒ	鍵をかける

你在干什么呢？

男：你在干什么呢？
Nán：Nǐ zài gàn shénme ne?

女：我在帮你整理书啊。
Nǚ：Wǒ zài bāng nǐ zhěnglǐ shū a.

男：桌子上放着的那几本书到哪儿去了？
Zhuōzi shang fàngzhe de nèi jǐ běn shū dào nǎr qù le?

女：给你放书架上了。
Gěi nǐ fàng shūjià shang le.

男：那几本书我正用着呢，先不要整理掉。
Nèi jǐ běn shū wǒ zhèng yòngzhe ne, xiān bú yào zhěnglǐdiào.

女：好吧。你看这几本书是不是也在用？
Hǎo ba. Nǐ kàn zhèi jǐ běn shū shì bu shì yě zài yòng?

男：这几本不用。
Zhèi jǐ běn bú yòng.

● スキットの語句

整理	zhěnglǐ	整理する、片付ける
书架	shūjià	本棚

第 10 課　●　進行と持続を表す"在"と"着"

スキットの訳

男：何をしているの。

女：本の整理をしてあげているのよ。

男：テーブルに置いていた何冊かの本はどこへ行ったの。

女：本棚に置いたわよ。

男：あれは使っているところなんだよ、ひとまずは片付けないでおいて。

女：わかったわ。ねえ、この本も使っているところなの？

男：それはいらない。

● トライしよう！

1. 与えられた語句を（　）の中に入れてみよう。

　　（1）她有点儿不舒服，（　）床上躺着。
　　（2）我去的时候她（　）找钥匙呢。
　　（3）她今天穿（　）一件旗袍。

　　a. 正在
　　b. 着
　　c. 在

2. 次の語句を日本語の意味に合うように、正しい語順に並べよう。

　　（1）彼はサッカーの試合を見ているよ。
　　　　A. 他 tā　　　　　　　　B. 看 kàn
　　　　C. 正在 zhèng zài　　　D. 呢 ne
　　　　E. 足球比赛 zúqiú bǐsài

　　（2）あの二人は幸せな老後を送っている。
　　　　A. 他们俩 tāmen liǎ　　B. 晚年 wǎnnián
　　　　C. 着 zhe　　　　　　　D. 过 guò
　　　　E. 幸福的 xìngfú de

　　（3）彼女は今日和服を着ている。
　　　　A. 她 tā　　　　　　　　B. 和服 héfú
　　　　C. 穿着 chuānzhe　　　D. 今天 jīntiān
　　　　E. 一件 yí jiàn

3. 中国語に訳してみよう。

　　（1）あの人たちは太極拳をやっている。
　　（2）彼はいま部屋を片付けているよ。
　　（3）窓は閉まっていない。

第10課 ● 進行と持続を表す"在"と"着"

● 解説

1 　動詞の前には動作の進行を表す"在"、動詞の直後には動作、状態の持続を表す"着"が入ります。また"正在"は「まさにしているとき」ということなので、ほかに（従属文で示されている）何かの行為と一緒に用いられる場合が多いです。

2 　（1）動作がまさに今進行中であることを表す"正在"の位置がポイントですね。あとは"呢"は語気助詞なので、文末に置かれるのが普通ですね。

　　（2）動詞"过"と持続を表す"着"の位置関係さえうまく処理できれば問題ないですね。

　　（3）"着"は状態の持続を表すものです。それから日本語では必要のない数量詞"一件"があるので、その語順にも注意しましょう。

3 　（1）動作の進行を表す用法なので、"在"を使うのがいいでしょう。あとは「太極拳をやる」という動詞を中国語で何と言うかを考えてください。

　　（2）同じく動作の進行を表す用法ですが、文末に「よ」があるので、意味的にそれに合った語句も忘れないでください。

　　（3）結果の持続の用法です。ただし、否定文なので"没"が必要であることも忘れずに。

1 　（1） c 　　（2） a 　　（3） b
2 　（1） ACBED 　　（2） ADCEB 　　（3） ADCEB
3 　（1） 他们在打太极拳。
　　（2） 他在整理房间呢。
　　（3） 窗户没关着。

第11課　存現文

(CD32)

● ポイント

1. 自然現象の発生を表す構文

「(時間や場所表現＋)動詞＋目的語」

存現文とは人や事物の存在、出現、消失などを表す表現を指す。存現文は動作や状態変化の主体が目的語として動詞の後に置かれる。自然現象の発生を表す構文は存現文の一種である。

1) 外面起风了。　Wàimian qǐ fēng le.
   外は風が吹いてきた。

2) 出太阳了。　Chū tàiyáng le.
   太陽が出た。

3) 河面结冰了。　Hémiàn jié bīng le.
   川に氷が張っている。

2. 人や事物の出現、存在、消失を表す構文

「時間や場所表現＋動詞＋(数量表現＋)目的語」

人や事物の出現や存在、消失を表す構文も、動作や状態変化の主体が目的語として動詞の後に置かれる。

①主体の出現

1) 家里来了一个客人。　Jiāli láile yí ge kèren.
   家にお客さんが一人来た。

2) 前面开过来一辆卡车。
   Qiánmian kāiguolai yí liàng kǎchē.
   前からトラックが一台走ってくる。

②主体の存在

1) 门口停着一辆出租汽车。　Ménkǒu tíngzhe yí liàng chūzū qìchē.
   入口にタクシーが一台止まっている。

2) 花瓶里插着一朵花。
   Huāpíng li chāzhe yì duǒ huā.
   花瓶に花が一輪生けてある。

③ 主体の消失

1) 邻居家里死了一条狗。　Línjū jiāli sǐle yì tiáo gǒu.
   近所の家で犬が一匹死んだ。

2) 书架上少了几本杂志。　Shūjià shang shǎole jǐ běn zázhì.
   本棚から雑誌が数冊なくなった。

○ ポイントの語句　CD33

起风	qǐ fēng	風が吹き出す
出太阳	chū tàiyáng	日が出る
河面	hémiàn	川の表面
结冰	jié bīng	氷が張る
卡车	kǎchē	トラック
停	tíng	止まる
出租汽车	chūzū qìchē	タクシー
花瓶	huāpíng	花瓶
插	chā	挿す、生ける
朵	duǒ	（量詞）花を数える
邻居	línjū	隣近所（の人）
条	tiáo	（量詞）細長いものを数える
狗	gǒu	犬
少	shǎo	なくす
杂志	zázhì	雑誌

怎么停着一辆救护车？

男：楼下怎么停着一辆救护车？
Nán：Lóuxià zěnme tíngzhe yí liàng jiùhùchē?

女：是王奶奶家叫来的。
Nǚ：Shì Wáng nǎinai jiā jiàolai de.

男：王奶奶怎么了？
Wáng nǎinai zěnme le?

女：外面下雪、地滑，王奶奶不小心摔了一跤。
Wàimian xià xuě、dì huá, Wáng nǎinai bù xiǎoxīn shuāile yì jiāo.

男：摔得很厉害吧？
Shuāide hěn lìhai ba?

女：可不是嘛。
Kěbushì ma.

◯ スキットの語句

楼下	lóuxià	階下
救护车	jiùhùchē	救急車
地滑	dì huá	地面が滑りやすい
摔跤	shuāi jiāo	転ぶ
可不是	kěbushì	もちろん、そうだよ

スキットの訳

男：どうして下に救急車が止まっているんだ？

女：王おばあさんの家が呼んだのよ。

男：王おばあさんはどうしたの？

女：外は雪が降っていて地面が滑りやすくて、うっかりして転んでしまったの。

男：怪我はひどいんだろう？

女：そうなの。

● トライしよう！

1. 与えられた語句を（　）の中に入れてみよう。

    (1) 刚下过雨，怎么就（　）太阳了。　　a. 少了
    (2) 钱包里（　）100元。　　　　　　　b. 站着
    (3) 门口（　）一个人。　　　　　　　　c. 出

2. 次の語句を日本語の意味に合うように、正しい語順に並べよう。

    (1) クラスに新しい学生が一人来た。
    　　A. 来 lái　　　　　　　B. 新同学 xīn tóngxué
    　　C. 一个 yí ge　　　　　D. 了 le
    　　E. 班里 bānli

    (2) テーブルの上に果物がすこし置いてある。
    　　A. 上 shang　　　　　　B. 桌子 zhuōzi
    　　C. 水果 shuǐguǒ　　　　D. 放着 fàngzhe
    　　E. 一些 yì xiē

    (3) 動物園からトラが一頭逃げ出した。
    　　A. 动物园 dòngwùyuán　B. 老虎 lǎohǔ
    　　C. 一只 yì zhī　　　　D. 了 le
    　　E. 逃走 táozǒu

3. 中国語に訳してみよう。

    (1) 壁に絵が一枚掛かっている。
    (2) （外は）雨が降ってきた。
    (3) 近所のうちで猫が一匹死んだ。

解説

1　この練習でいつもアドバイスすることは、それぞれの文の意味に合った語句を選択して入れるということです。

　　（1）"太阳"と意味的に合うのはどんな語句であるかを考え、それに合った語句を入れてください。

　　（2）「お金」と関係するものは「なくなる」という語句ですね。

　　（3）空欄に入るのは意味として一番自然な表現である"站着"（立っている）ですね。

2　（1）人の出現を表す構文なので、「場所＋動詞＋数量詞＋目的語」の語順に従って並べればいいでしょう。この場合、目的語は意味的には動作の主体になっています。

　　（2）事物の存在を表す構文なので、（1）と同じ「場所＋動詞＋数量詞＋目的語」の順番に並べましょう。この場合の目的語は存在の主体になっています。

　　（3）消失を表す構文で、これも同じ「場所＋動詞＋数量詞＋目的語」の語順で結構です。

3　（1）存在を表す構文であり、2で説明したのと同じ語順で作文すれば結構です。

　　（2）自然現象を表す構文ですが、2と違って特に数量詞を必要としないことに注意しましょう。

　　（3）消失を表す構文で、数量詞を必要としますが、猫の数量詞は"只"であることを忘れないでください。

1　（1）c　（2）a　（3）b
2　（1）EADCB　（2）BADEC　（3）AEDCB
3　（1）墙上挂着一幅画儿。
　　（2）外面下雨了。
　　（3）邻居家里死了一只猫。

コラム2　言葉と文化

　「この間はどうも」、日本人同士がよく交わす挨拶です。これは実際に相手に対して感謝しているのか、謝っているのか、当事者同士しか分からない通訳泣かせの表現です。

　学生のころ通訳を頼まれて、日本人がいきなり中国人にこう切り出したときにどう訳せばよいか分からず、いちいちそれまでにどんな経緯があったかを確かめてから"上次非常感謝"(shàngcì fēicháng gǎnxiè)（この間はどうもありがとうございました）とか"上次非常抱歉"(shàngcì fēicháng bàoqiàn)（この間はすみませんでした）のように訳したものです。このやり取りに時間がかかったものですから、こんな簡単な挨拶も訳せなくて大丈夫だろうかと心配されたものです。

　そもそも中国人がお互いに会うときには、前の日や数日前に（ましてや何ヶ月前に）ご馳走になったとか、お世話になったことなどをわざわざ取り上げて挨拶するような習慣はありません。問題なのは、日本に来ている中国人が日本人からご馳走になったり、あるいはお世話になったりした翌日もしくは数日後に再びその人に会った際、まったくそのようなことがなかったかのような感じで接していて、なんて失礼な人だと日本人に誤解されてしまう可能性があるということです。

　これはもはや言葉の問題よりも習慣や文化の違いです。日本に来たばかりの中国人はこのような日本の挨拶習慣に戸惑ってしまいます。その意味で、外国語の勉強とは単なる言葉だけの勉強ではなく、その国の文化や習慣などを含めて理解しないと、本当の意味で外国語をマスターしたとは言えないのではないでしょうか。

実力編

第12課:比較構文 / 第13課:"把"構文 / 第14課:結果補語の"到"、"给"、"在" / 第15課:結果補語の"完"、"掉"、"错" / 第16課:方向補語 / 第17課:程度補語と様態補語 / 第18課:可能補語 / 第19課:強調と説明の構文 / 第20課:離合詞 / 第21課:使役構文 / 第22課:受身構文

第12課　比較構文

ポイント

1. X＋"比"＋Y＋形容詞（〜）

もっとも基本的な比較構文であり、「XはYより〜だ」という意味を表す。形容詞の後ろにさらに程度を表す"多了"、"一点儿"などを加えることができる。

1) 哈密瓜比西瓜好吃。
   Hāmìguā bǐ xīguā hǎochī.
   ハミウリはスイカよりおいしい。

2) 日本菜比中国菜清淡。
   Rìběncài bǐ zhōngguócài qīngdàn.
   日本料理は中国料理よりあっさりしている。

3) 你比以前瘦多了。
   Nǐ bǐ yǐqián shòu duō le.
   あなたは以前より随分やせましたね。

2. X＋"没有"＋Y＋（"那么"）〜

「X＋"比"＋Y＋形容詞（〜）」の否定形で、「XはYほど〜ではない」という意味を表す。

1) 上海的物价没有东京那么贵。
   Shànghǎi de wùjià méiyou Dōngjīng nàme guì.
   上海の物価は東京ほど高くない。

2) 我的记性没有你的好。
   Wǒ de jìxing méiyou nǐ de hǎo.
   私の記憶力はあなたほどよくない。

3) 现在的电影没有以前有意思。
   Xiànzài de diànyǐng méiyou yǐqián yǒu yìsi.
   最近の映画は以前ほど面白くない。

3. "和" + X + "相比" + Y～

比較構文の一つで、「Xと比べて、Yは～」の意味を表す。

1) 和北京相比，天津的物价便宜多了。
   Hé Běijīng xiāngbǐ, Tiānjīn de wùjià piányi duō le.
   北京と比べると、天津の物価はずっと安い。

2) 和以前相比，现在的冷冻食品好吃多了。
   Hé yǐqián xiāngbǐ, xiànzài de lěngdòng shípǐn hǎochī duō le.
   以前と比べると、最近の冷凍食品はずっとおいしくなった。

3) 和妹妹相比，姐姐老实多了。
   Hé mèimei xiāngbǐ, jiějie lǎoshi duō le.
   妹と比べると、姉はずっとおとなしい。

● ポイントの語句　CD36

哈密瓜	hāmìguā	ハミウリ
西瓜	xīguā	スイカ
清淡	qīngdàn	(食べ物が) あっさりしている
记性	jìxing	記憶力
冷冻食品	lěngdòng shípǐn	冷凍食品
老实	lǎoshi	おとなしい

比以前便宜多了。

男：电器商品比以前便宜多了。
Nán: Diànqì shāngpǐn bǐ yǐqián piányi duō le.

女：您看这台35英寸的电视才两千块。
Nǚ: Nín kàn zhèi tái sānshiwǔ yīngcùn de diànshì cái liǎng qiān kuài.

男：这两台都是35英寸，价钱怎么差这么多？
Zhèi liǎng tái dōu shì sānshiwǔ yīngcùn, jiàqián zěnme chà zhème duō?

女：那台的样子没有这台好看，而且这台是进口货。
Nèi tái de yàngzi méiyou zhèi tái hǎokàn, érqiě zhèi tái shì jìnkǒu huò.

男：贵的这台能不能再便宜点儿？
Guì de zhèi tái néng bu néng zài piányi diǎnr?

女：我们现在正搞促销活动，和前些日子相比，已经便宜多了。
Wǒmen xiànzài zhèng gǎo cùxiāo huódòng, hé qián xiē rìzi xiāngbǐ, yǐjing piányi duō le.

◉ スキットの語句

电器商品	diànqì shāngpǐn	電気製品
英寸	yīngcùn	インチ
进口货	jìnkǒu huò	輸入品
搞促销活动	gǎo cùxiāo huódòng	販促キャンペーンを行う

スキットの訳

男：電気製品は以前と比べてずいぶん安くなったな。

女：こちらの35インチのテレビはたったの2000元でございます。

男：これは2台とも35インチだけど、値段にどうしてこんなに差があるんだ？

女：あちらはこちらほど外見がよくありませんし、その上こちらは輸入品でございます。

男：高いほうはもう少し安くならない？

女：現在販促キャンペーン中でして、以前に比べますと、すでにだいぶお安くなっております。

● **トライしよう！**

1. 与えられた語句を（　）の中に入れてみよう。

    （1）中国菜（　）日本菜油腻。

    （2）和北海道（　），这儿要暖和多了。

    （3）我的胆子（　）你那么大。

a.	相比
b.	比
c.	没有

2. 次の語句を日本語の意味に合うように、正しい語順に並べよう。

    （1）日本と比べて中国の物価はずっと安い。
    - A. 日本 Rìběn
    - B. 和 hé
    - C. 相比 xiāngbǐ
    - D. 便宜多了 piányi duō le
    - E. 中国的物价 Zhōngguó de wùjià

    （2）家賃は昔よりすこし高い。
    - A. 比 bǐ
    - B. 房租 fángzū
    - C. 以前 yǐqián
    - D. 一点儿 yìdiǎnr
    - E. 贵 guì

    （3）日本の歴史は中国ほど長くない。
    - A. 没有 méiyou
    - B. 日本的历史 Rìběn de lìshǐ
    - C. 长 cháng
    - D. 中国 Zhōngguó
    - E. 那么 nàme

3. 中国語に訳してみよう。

    （1）今日は昨日よりずっと暑い。

    （2）昔と比べて、ここの交通はずっと便利になった。

    （3）ここは以前ほど賑やかではない。

解説

1 三つの文とも比較構文ですが、与えられた語句はそれぞれ一箇所しか入りません。(1)は最も基本的な比較構文を表す形式を用いれば結構です。(2)には"和"、(3)には"那么"が入っているのを見落とさずに。ポイントであげたそれぞれの構文の形式を参考にすれば空欄に何が入るかが分かってくるはずです。

2 (1) ポイント3の「"和" ＋ X ＋ "相比" ＋ Y～」構文の順番で並べるようにすればよいです。

(2)「X ＋ "比" ＋ Y ＋ 形容詞（～）」の語順に従って並べます。ただ、程度を表す"一点儿"の置かれる位置も考えましょう。

(3) ポイント2の「X ＋ "没有" ＋ Y ＋ ("那么")～」と同じ語順になります。

3 (1)「X ＋ "比" ＋ Y ＋ 形容詞（～）」の構文を用いればいいでしょう。ただし、日本語の「ずっと」に相当する中国語の語句は文の最後に付け加えるのを忘れないでください。

(2)「"和" ＋ X ＋ "相比" ＋ Y～」の構文を使って文を組み立ててください。

(3)「X ＋ "没有" ＋ Y ＋ ("那么")～」の構文を用いるといいです。

---

1 (1) b　(2) a　(3) c
2 (1) BACED　(2) BACED　(3) BADEC
3 (1) 今天比昨天热多了。
(2) 和以前相比，这儿的交通方便多了。
(3) 这儿没有以前热闹。

第13課　"把"構文

● ポイント

"把"構文とは"把"で目的語を動詞の前に導き、それに対する働きかけをし、何らかの位置もしくは状態の（具体的あるいは抽象的）変化を起こさせるものである。一般に目的語は特定のものであり、述語の部分も動詞の後に何らかの成分を付け加える必要があり、単独の動詞では成立しにくい。

1. "把"＋名詞＋動詞＋"在"～

この構文は何かをどこかに位置させるという意味を表すが、ここでの例文は何かをどこかに（非意図的に）忘れたり、何かを用いたりする意味を表す。

1) 我把手机忘在餐厅(里)了。
   Wǒ bǎ shǒujī wàngzài cāntīng(li) le．
   携帯電話をレストランに忘れてしまった。

2) 我把雨伞忘在电车上了。
   Wǒ bǎ yǔsǎn wàngzài diànchē shang le．
   私は傘を電車に忘れてしまった。

3) 你要把精力用在学习上。
   Nǐ yào bǎ jīnglì yòngzài xuéxí shang．
   精力を勉強に注ぎなさい。

2. "把"＋名詞＋動詞～

動作の対象を（誰かに）紹介したり、あるいは内容を伝えたりする意味を表す。伝達を表す動詞が用いられ、動詞の後にさらに受け手あるいは結果を表す成分が必要である。

1) 你能不能把她介绍给我？
   Nǐ néng bu néng bǎ tā jièshào gěi wǒ？
   彼女を私に紹介してくれませんか。

2) 我已经把开会的日期通知大家了。
   Wǒ yǐjing bǎ kāi huì de rìqī tōngzhī dàjiā le．
   私はすでに会議開催の日にちをみんなに通知した。

3）他没把事情说清楚。
　　Tā méi bǎ shìqing shuō qīngchu.
　　彼は事情をはっきり言わなかった。

3. "把"＋名詞＋動詞＋"一下"

特定の対象に対し、何らかの処置を施してみるという意味を表す。"一下"の代わりに動詞の重ね型を用いることも可能である。

1）请你把钱点一下。
　　Qǐng nǐ bǎ qián diǎn yíxià.
　　ちょっとお金を確認してください。

2）把头抬一下。
　　Bǎ tóu tái yíxià.
　　ちょっと頭を上げて。

3）你把地扫一下。
　　Nǐ bǎ dì sǎo yíxià.
　　ちょっと床を掃除して。

◯ ポイントの語句　CD39

餐厅	cāntīng	レストラン
雨伞	yǔsǎn	傘
电车	diànchē	電車
精力	jīnglì	精力
开会	kāi huì	会議を開く
日期	rìqī	期日
通知	tōngzhī	通知する、知らせる
点	diǎn	数える、確認する
抬	tái	上げる、持ち上げる
扫地	sǎo dì	床を掃く

把照相机忘在车上了。

女：请问是大众出租汽车公司吗？
Nǚ: Qǐng wèn shì Dàzhòng chūzū qìchē gōngsī ma?

男：对。您有什么事儿？
Nán: Duì. Nín yǒu shénme shìr?

女：我刚才坐你们公司的出租，把照相机忘在车上了。
Wǒ gāngcái zuò nǐmen gōngsī de chūzū, bǎ zhàoxiàngjī wàngzài chēshang le.

男：请您把车号和照相机的特征告诉我。
Qǐng nín bǎ chēhào hé zhàoxiàngjī de tèzhēng gàosu wǒ.

女：车号是77653，照相机是佳能牌儿的黑色数码相机。
Chēhào shì qī qī liù wǔ sān, zhàoxiàngjī shì Jiānéng páir de hēisè shùmǎ xiàngjī.

男：好，我马上帮您查。请把您的电话号码说一下。
Hǎo, wǒ mǎshàng bāng nín chá. Qǐng bǎ nín de diànhuà hàomǎ shuō yíxià.

○ スキットの語句

大众出租汽车公司	Dàzhòng chūzū qìchē gōngsī	大衆タクシー会社
照相机	zhàoxiàngjī	カメラ
告诉	gàosu	教える
特征	tèzhēng	特徴
车号	chēhào	車両番号
佳能牌儿	Jiānéng páir	キャノン［ブランド］
数码	shùmǎ	デジタル
查	chá	調べる

第 13 課　"把" 構文

スキットの訳

女：おたずねしますが、大衆タクシー会社ですか。

男：そうです。どんな御用ですか。

女：先ほどそちらのタクシーに乗ったのですが、車にカメラを忘れてしまいました。

男：車両番号とカメラの特徴を教えていただけますか。

女：車両番号は 77653、カメラはキャノンの黒いデジタルカメラです。

男：わかりました。すぐお調べします。ちょっと電話番号を教えていただけますか。

● トライしよう！

1. 与えられた語句を（　）の中に入れてみよう。

　　（1）把花插（　）花瓶里。

　　（2）请你把我的意思转告（　）他。

　　（3）把窗户擦（　）。

　　　　　a. 一下
　　　　　b. 给
　　　　　c. 在

2. 次の語句を日本語の意味に合うように、正しい語順に並べよう。

　　（1）このことを他人に教えないで。
　　　　A. 把 bǎ　　　　　　　B. 不要 bú yào
　　　　C. 这件事 zhèi jiàn shì　　D. 别人 biéren
　　　　E. 告诉 gàosu

　　（2）財布を引き出しに入れて。
　　　　A. 把 bǎ　　　　　　　B. 放 fàng
　　　　C. 钱包 qiánbāo　　　　D. 抽屉里 chōuti li
　　　　E. 在 zài

　　（3）部屋を片付けて。
　　　　A. 收拾 shōushi　　　　B. 一下 yíxià
　　　　C. 房间 fángjiān　　　　D. 把 bǎ
　　　　E. 你 nǐ

3. 中国語に訳してみよう。

　　（1）名刺を家に忘れてしまった。

　　（2）このことを張さんに知らせてください。

　　（3）おかずをちょっと温めて。

解説

1　いずれも"把"構文ですが、"把"構文では動作の結果どうなるかが非常に大事です。"在"は動作の結果の場所を導き、"给"は動作の対象を表し、"一下"は動作の回数を表します。

2　(1)「"把"＋名詞＋動詞～」の構文の順番に従って並べ、文末に「他人」に相当する語句を持ってくればいいわけです。
　　(2)「"把"＋名詞＋動詞＋"在"～」の順番に並べましょう。
　　(3)「"把"＋名詞＋動詞＋"一下"」の順番に並べてください。

3　(1)「名刺を家に忘れてしまった」とありますが、これは何かをどこかに位置させる、動作の結果の場所を導く形と考えればいいわけです。
　　(2)「"把"＋名詞＋動詞～」の構文を使えばいいのですが、「張さん」に相当する語句は動詞の後ろに置くようにしましょう。
　　(3)処置を施してみる意味であり、「"把"＋名詞＋動詞＋"一下"」の構文を使えばいいわけです。それから「温める」の中国語訳にも気をつけてください。

1　(1) c　　(2) b　　(3) a
2　(1) BACED　　(2) ACBED　　(3) EDCAB
3　(1) 把名片忘在家里了。
　　(2) 请你把这件事告诉老张。
　　(3) 你把菜热一下。

第14課　結果補語の"到"、"给"、"在"

ポイント

1. 動詞＋"到"

動詞の後に結果補語の"到"を置くと、動作の結果、動作者または動作対象がある地点（や時点）に到達することを表し、また派生的用法では動作目的の実現も表すことができる。

1）行李已经送到你的房间里了。
　　Xíngli yǐjing sòngdào nǐ de fángjiān li le.
　　荷物はすでにあなたの部屋に運びました。

2）箱子搬到哪儿去了？
　　Xiāngzi bāndào nǎr qù le?
　　スーツケースはどこへ持っていきましたか。

3）你要的东西我已经找到了。
　　Nǐ yào de dōngxi wǒ yǐjing zhǎodào le.
　　あなたがさがしているものはもう見つかりました。

2. 動詞＋"给"

動詞の後に"给"を置くと、動作対象の移動先（受け手）を導くことができる。

1）他寄给我一张明信片。
　　Tā jìgěi wǒ yì zhāng míngxìnpiàn.
　　彼は私に葉書を一枚送ってくれた。

2）把盐递给我一下好吗？
　　Bǎ yán dìgěi wǒ yíxià hǎo ma?
　　塩を取ってくれませんか。

3）这是中国朋友送给我的礼物。
　　Zhè shì Zhōngguó péngyou sònggěi wǒ de lǐwù.
　　これは中国人の友人が私にくれたプレゼントです。

第14課 ● 結果補語の"到"、"给"、"在"

3. 動詞+"在"

動詞の後に"在"を置くと、動作の結果、動作者または動作対象が位置する場所を表すことができる。

1) 你怎么坐在桌子上？
   Nǐ zěnme zuòzài zhuōzi shang?
   どうしてテーブルの上に座ってるの。

2) 月票忘在家里了。
   Yuèpiào wàngzài jiāli le.
   定期券を家に忘れた。

3) 把你的名字写在我的笔记本上好吗？
   Bǎ nǐ de míngzi xiězài wǒ de bǐjìběn shang hǎo ma?
   あなたの名前を私のノートに書いてもらえますか。

◎ ポイントの語句　CD42

送	sòng	運ぶ
找到	zhǎodào	見つかる
寄给	jìgěi	郵便で送る
明信片	míngxìnpiàn	葉書
盐	yán	塩
递给	dìgěi	手渡しする
礼物	lǐwù	プレゼント
月票	yuèpiào	定期券
笔记本	bǐjìběn	ノート

拿给我看看。

男：我买到了一张张大千的画儿。
Nán: Wǒ mǎidàole yì zhāng Zhāng Dàqiān de huàr.

女：什么画儿？ 拿给我看看。
Nǚ: Shénme huàr? Nágěi wǒ kànkan.

男：你看，不错吧。
Nǐ kàn, bú cuò ba.

女：挺有风格的。在哪儿买的？
Tǐng yǒu fēnggé de. Zài nǎr mǎi de?

男：在工艺美术商店。
Zài gōngyì měishù shāngdiàn.

女：把它挂在客厅里，怎么样？
Bǎ tā guàzài kètīng li, zěnmeyàng?

男：我也是这么想的。
Wǒ yě shì zhème xiǎng de.

◉ スキットの語句

张大千	Zhāng Dàqiān	張大千 [画家]
挺	tǐng	とても
风格	fēnggé	独特のスタイル
工艺美术	gōngyì měishù	工芸美術
商店	shāngdiàn	商店
挂	guà	掛ける、吊るす

スキットの訳

男：張大千の絵を一枚買ったよ。

女：どんな絵？私に見せて。

男：ほら、結構いいだろう。

女：なかなか個性的ね。どこで買ったの。

男：工芸美術商店で。

女：それ、居間に飾ったらどう。

男：僕もそう考えていたんだ。

● トライしよう！

1. 与えられた語句を（　　）の中に入れてみよう。

（1）钥匙放（　）哪儿去了？

（2）把醋递（　）我一下吧。

（3）我把车停（　）外面了。

a. 在
b. 给
c. 到

2. 次の語句を日本語の意味に合うように、正しい語順に並べよう。

（1）私は郊外へ引っ越したい。
A. 我 wǒ　　　　　　　B. 去 qù
C. 搬到 bāndào　　　　D. 郊外 jiāowài
E. 想 xiǎng

（2）この本は中国の友人が貸してくれたのだ。
A. 借给 jiègěi　　　　　B. 中国朋友 Zhōngguó péngyou
C. 是 shì　　　　　　　D. 我的 wǒ de
E. 这本书 zhèi běn shū

（3）彼はソファに座ってテレビを見ている。
A. 他 tā　　　　　　　　B. 沙发上 shāfā shang
C. 看电视 kàn diànshì　　D. 在 zài
E. 坐 zuò

3. 中国語に訳してみよう。

（1）映画のチケットは手に入った。

（2）彼はベッドで寝ながら本を読んでいる。

（3）これは彼女が紹介してくれたのだ。

第14課 ● 結果補語の"到"、"給"、"在"

● 解説

1　(2)の中の"我"は物の移動先なので、空欄に何が入るか分かりやすいのですが、(1)と(3)は"在"と"到"のどちらでもよさそうに見えます。しかし、実際に与えられた語句と文の動詞、名詞の関係を総合的に考えないとうまくいきません。

2　(1)「動詞＋"到"」の構文の順番で並べればいいのです。ただし、ここの"去"が文法的にどの位置に入るかよく考えてください。
　(2)「動詞＋"給"」の構文を使います。そして、日本語の「この本」が主題として機能しているので、それに対応する中国語の"这本书"を主語の位置に置くようにしましょう。
　(3)「動詞＋"在"」の構文を用いますが、"看电视"はその後に置かれます。

3　(1)「手に入った」という中国語は「動詞＋"到"」の形で表現するのを覚えましょう。そして、「映画のチケットは」は話題であるので、文頭に置くようにしましょう。
　(2)は「動詞＋"在"」の構文を使います。問題は動詞の「横になる」の中国語訳に何を使うかを間違えないでください。
　(3)「動詞＋"給"」の構文を用います。

1　(1)　c　　(2)　b　　(3)　a
2　(1)　AECDB　　(2)　ECBAD　　(3)　AEDBC
3　(1)　电影票买到了。
　(2)　他躺在床上看书。
　(3)　这是她介绍给我的。

第15課　結果補語の"完"、"掉"、"错"

ポイント

1. 動詞＋"完"

動詞の後に結果補語の"完"を置くと、動作の完了「～し終わる」と、動作の結果、対象がなくなるという意味を表す。

1) 初级的课程我已经学完了。
   Chūjí de kèchéng wǒ yǐjing xuéwán le.
   初級コースは私はもう学び終えた。

2) 两瓶啤酒一下子就喝完了。
   Liǎng píng píjiǔ yíxiàzi jiù hēwán le.
   ビール二本はすぐに飲み終わってしまった。

3) 钱差不多已经用完了。
   Qián chàbuduō yǐjing yòngwán le.
   お金はすでにほぼ使い切った。

2. 動詞＋"掉"

動詞の後に結果補語の"掉"を置くと、「取り除く」或いは「消失してしまう」という意味を表す。

1) 这个字写得不好，擦掉吧。
   Zhèi ge zì xiěde bù hǎo, cādiào ba.
   この字はうまく書けていないから、消してしまおう。

2) 我想把这辆车卖掉。
   Wǒ xiǎng bǎ zhèi liàng chē màidiào.
   この車を売ってしまいたい。

3) 那件事我早就忘掉了。
   Nèi jiàn shì wǒ zǎojiù wàngdiào le.
   あのことは私はとっくに忘れてしまった。

3. 動詞＋"错"

動詞の後に結果補語の"错"を置くと、「〜間違える」という意味を表す。

1) 我认**错**人了，对不起。
   Wǒ rèncuò rén le, duìbuqǐ.
   人違いでした、すみません。

2) 我写**错**了几个字。
   Wǒ xiěcuò le jǐ ge zì.
   数文字書き間違えた。

3) 我把你的电话号码记**错**了。
   Wǒ bǎ nǐ de diànhuà hàomǎ jìcuò le.
   あなたの電話番号を（覚え）間違えた。

◎ ポイントの語句 CD45

课程	kèchéng	コース、課程
一下子	yíxiàzi	すぐに
钱	qián	お金
差不多	chàbuduō	ほぼ
擦掉	cādiào	消してしまう
卖掉	màidiào	売ってしまう
认错	rèncuò	見間違える
写错	xiěcuò	書き間違える
记错	jìcuò	覚え間違える

报告写完了吗？

男：小王，报告写完了吗？
Nán: Xiǎo-Wáng, bàogào xiěwán le ma?

女：写完了。请您过目。
Nǚ: Xiěwán le. Qǐng nín guò mù.

男：(看了以后) 欸，这部分最好删掉，还有这个数字好像不对。
(Kànle yǐhòu) Éi, zhèi bùfen zuì hǎo shāndiào, hái yǒu zhèi ge shùzì hǎoxiàng bú duì.

女：对不起，是我打错了，我马上去改。
Duìbuqǐ, shì wǒ dǎcuò le, wǒ mǎshàng qù gǎi.

男：改完后交给王科长。
Gǎiwán hòu jiāogěi Wáng kēzhǎng.

女：明白了。
Míngbai le.

◯ スキットの語句

报告	bàogào	レポート
过目	guò mù	目を通す
最好	zuì hǎo	〜した方がいい
删掉	shāndiào	削ってしまう
好像	hǎoxiàng	〜のようだ
不对	bú duì	正しくない
打错	dǎcuò	打ち間違える
改	gǎi	改める
交给	jiāogěi	渡す
明白	míngbai	わかる

第15課 ● 結果補語の "完"、"掉"、"错"

スキットの訳

男：王さん、レポートは書き終わった？

女：終わりました。目を通してください。

男：(見終わって) おや、この部分は削除したほうがいい。それから、この数字は間違っているみたいだ。

女：すみません、打ち間違えました。すぐ直します。

男：直し終えたら王課長に渡して。

女：わかりました。

● トライしよう！

1. 与えられた語句を（　　）の中に入れてみよう。

　　（1）你借给我的小说已经看（　）了。

　　（2）我找（　）地方了。

　　（3）这句话不要了，还是删（　）吧。

a.	掉
b.	完
c.	错

2. 次の語句を日本語の意味に合うように、正しい語順に並べよう。

　　（1）彼は手紙を燃やしてしまった
　　　　A. 他 tā　　　　　　　　B. 信 xìn
　　　　C. 把 bǎ　　　　　　　　D. 了 le
　　　　E. 烧掉 shāodiào

　　（2）私の話はこれで終わりです。
　　　　A. 话 huà　　　　　　　B. 已经 yǐjing
　　　　C. 了 le　　　　　　　　D. 我的 wǒ de
　　　　E. 说完 shuōwán

　　（3）私は電話番号を（覚え）間違えました。
　　　　A. 我 wǒ　　　　　　　　B. 记错 jìcuò
　　　　C. 电话号码 diànhuà hàomǎ　D. 把 bǎ
　　　　E. 了 le

3. 中国語に訳してみよう。

　　（1）（われわれは）ご飯を食べ終わってから出かけましょう。

　　（2）彼は古本を捨ててしまった。

　　（3）昨日私は時間を（覚え）間違えました。

第15課 ● 結果補語の"完"、"掉"、"错"

● 解説

　この課の練習は前回に続いて同じ結果補語ですが、語句が違うだけなので、前の課と同じ要領でやれば結構です。

1　与えられた語句と動詞との組み合わせが大事です。あとは文全体の意味は何であるかをしっかり把握すれば問題は解けるはずです。
2　（1）「動詞＋"掉"」の構文に従って並べましょう。
　（2）「動詞＋"完"」の構文で並べましょう。それから副詞の"已经"がどこに入るかを間違えないように。
　（3）「動詞＋"错"」の構文で並べましょう。
3　（1）「動詞＋"完"」の構文を用います。ただし、それが従属文の形をとっていることも忘れないでください。
　（2）「動詞＋"掉"」の構文を用いればいいです。「古本」の中国語訳には気をつけてください。
　（3）「動詞＋"错"」の構文を使います。「覚え間違える」も2（3）ですでに出ているので、それを有効に利用すればいいです。

1　（1）b　（2）c　（3）a
2　（1）ACBED　（2）DABEC　（3）ADCBE
3　（1）咱们吃完饭再走吧。
　（2）他把旧书扔掉了。
　（3）昨天我把时间记错了。

第16課　方向補語

ポイント

方向補語とは、動詞の後に付けて移動の方向を表す成分のことである。方向補語は単純方向補語と複合方向補語とがあり、ここでは主に複合方向補語を取り上げる。

1. 動詞＋"进来／进去"

動作主もしくは動作対象が動作とともに外から中へ移動することを表す。"～进来"は話し手の方向へ、"～进去"は話し手以外の方向へ向かうときに使われる。

1）外面下雨了，快把衣服收进来。
　　Wàimian xià yǔ le, kuài bǎ yīfu shōujinlai.
　　外は雨が降りだしたから、早く服を取りこんで。

2）把胶卷儿装进去。
　　Bǎ jiāojuǎnr zhuāngjinqu.
　　フィルムを入れる。

3）把这句话也加进去吧。
　　Bǎ zhèi jù huà yě jiājinqu ba.
　　この一言も加えよう。

2. 動詞＋"出来／出去"

動作主もしくは動作対象が動作とともに中から外へ移動することを表す。"～出来"は話し手の方向へ、"～出去"は話し手以外の方向へ向かうときに使われる。また、この構文は無から有への派生の意味にも用いられる。

1）不要把头伸出去，危险！
　　Bú yào bǎ tóu shēnchuqu, wēixiǎn!
　　顔を出さないで、危ないから。

2）把不要的东西拿出来。
　　Bǎ bú yào de dōngxi náchulai.
　　いらないものを出して。

3）有什么为难的事就说出来吧。
　　Yǒu shénme wéinán de shì jiù shuōchulai ba.
　　何か困ったことがあれば言って。

3. 動詞+"下来／下去"

動作主もしくは動作対象が動作とともに上から下へ移動することを表す。"～下来"は話し手の方向へ、"～下去"は話し手以外の方向へ向かうときに使われる。さらに派生の意味として時間の推移をも表す。"～下来"は過去から現在へ、"～下去"は現在から未来への意味になる。

1) 行李架上的行李掉下来了。
   Xínglijià shang de xíngli diàoxialai le.
   網棚の荷物が落ちてきた。

2) 顺便把垃圾带下去，好吗？
   Shùnbiàn bǎ lājī dàixiaqu, hǎo ma?
   ついでにごみを持って行ってくれる？

3) 你一定要坚持下去。
   Nǐ yídìng yào jiānchíxiaqu.
   ぜひやり続けてください。

◯ ポイントの語句　CD48

胶卷儿	jiāojuǎnr	（カメラの）フィルム
装	zhuāng	入れる
加	jiā	加える
伸	shēn	伸ばす、突き出す
危险	wēixiǎn	危険だ、危ない
为难	wéinán	困る、悩む
行李架	xínglijià	網棚
顺便	shùnbiàn	ついでに
垃圾	lājī	ごみ
带	dài	持つ
坚持	jiānchí	頑張って続ける

东西都装进去了吗？

女：东西都装进去了吗？
Nǚ：Dōngxi dōu zhuāngjinqu le ma?

男：没有。剩了几件。
Nán：Méiyou. Shèngle jǐ jiàn.

女：不会吧。你都拿出来，我再重新装装看。
Bú huì ba. Nǐ dōu náchulai, wǒ zài chóngxīn zhuāngzhuang kàn.

男：怎么样？ 还是不行吧。
Zěnmeyàng? Háishi bù xíng ba.

女：要不然换个大点儿的箱子。
Yàoburán huàn ge dà diǎnr de xiāngzi.

男：我上次从广州买来的那个大皮箱呢？
Wǒ shàng cì cóng Guǎngzhōu mǎilai de nèi ge dà píxiāng ne?

女：在楼上。等一下，我去拿下来。
Zài lóushàng. Děng yíxià, wǒ qù náxialai.

◉ スキットの語句

剩	shèng	残る
重新	chóngxīn	新たに、再び
要不然	yàoburán	さもなくば
皮箱	píxiāng	スーツケース

第16課 ● 方向補語

スキットの訳

女：荷物は全部おさまった？

男：いや。いくつか残ってる。

女：まさか。全部出して、私がもう一度つめてみる。

男：どう？やっぱりだめだろう。

女：そうしたらちょっと大きめのスーツケースに換えましょうか。

男：僕が前回広州で買ってきたあの大きいスーツケースは？

女：上にあるわ。ちょっと待ってて、私が取ってくる。

● トライしよう！

1. 与えられた語句を（　）の中に入れてみよう。

　　(1) 刚才走（　）的那个人是谁？
　　(2) 他拿（　）三百块钱交给了服务员。
　　(3) 你坐电梯下去吧，我从楼梯走（　）。

　　a. 下去
　　b. 出来
　　c. 进去

2. 次の語句を日本語の意味に合うように、正しい語順に並べよう。

　　(1) 何か問題があれば出してください。
　　　　A. 有 yǒu　　　　　　　B. 请 qǐng
　　　　C. 什么问题 shénme wèntí　D. 吧 ba
　　　　E. 提出来 tíchulai

　　(2) 車を中に入れましょう。
　　　　A. 开 kāi　　　　　　　B. 把 bǎ
　　　　C. 进去 jìnqu　　　　　D. 车 chē
　　　　E. 吧 ba

　　(3) 荷物は降ろしましたか。
　　　　A. 下来 xiàlai　　　　B. 行李 xíngli
　　　　C. 拿 ná　　　　　　　D. 吗 ma
　　　　E. 了 le

3. 中国語に訳してみよう。

　　(1) スーツケースを中に入れてください。
　　(2) ずっとやり続けられますか。
　　(3) 服を外に干しましょう。

第 16 課　方向補語

● 解説

1　補語として"出来"、"下去"、"进去"の語句が与えられ、どれも文中の動詞との組み合わせが可能ですが、実際の文脈を考えれば、それぞれの語句が入るべきところが決まってきます。

2　（1）二つの文からなり、前半が仮定の文、後半は「動詞＋方向補語」をそのまま続ければ結構です。

（2）"把"構文とも関係してきます。"把"の語順は「"把"＋名詞＋動詞＋補語」であることを思い出してください。

（3）「荷物は」になっているので、それに対応する中国語の"行李"も文頭に持ってくる必要があります。

3　（1）"把"を用いて作文してください。それから、日本語の「中に入れる」は、中国語では「動詞＋"进来/进去"」の構文を用いて訳しましょう。

（2）「やり続ける」は時間的用法ですが、「動詞＋"下去"」の構文でこのような時間的推移を表すことができます。あとは、「ずっと」に相当する中国語の副詞を正しく使えば文は完成します。

（3）同じく"把"構文を使います。そして、日本語の「外に干す」に相当する語句は「動詞＋"出去"」の構文を用いて対応すれば結構です。あとは、「干す」という動詞の中国語訳を間違えないようにしてください。

1　（1）c　（2）b　（3）a
2　（1）ACBED　（2）BDACE　（3）BCAED
3　（1）把箱子拿进来吧。
　　（2）你能一直干下去吗？
　　（3）把衣服晒出去吧。

第17課　程度補語と様態補語

CD50

● ポイント

程度補語とは述語の形容詞によって表される状態、性質の程度について述べるものである。

1. 形容詞＋"死了／极了"

程度補語には形容詞の後に"得"を用いる形式と用いない形式があり、後者の形式には"～死了"（死ぬほど）、"～极了"（極端に）、"～多了"（だいぶ）などがある。

1) 这几天真把我累死了。
　　Zhè jǐ tiān zhēn bǎ wǒ lèisǐ le.
　　ここ数日は本当にくたくたに疲れた。

2) 昨天晚上一夜没睡，困死了。
　　Zuótiān wǎnshang yí yè méi shuì, kùnsǐ le.
　　昨晩は一睡もしていなくて、眠くてたまらない。

3) 他听到那个消息以后高兴极了。
　　Tā tīngdào nèi ge xiāoxi yǐhòu gāoxìngjí le.
　　彼はその知らせを聞いて嬉しくてたまらなかった。

2. 動詞＋"得"＋形容詞

様態補語は述語動詞によって表される動作・行為の様子や特徴について描写や評価を行うものである。否定は"～得不～"の形を用いる。

1) 他车开得很稳。
　　Tā chē kāide hěn wěn.
　　彼は車の運転が荒っぽくない。

2) 他问题考虑得很周到。
　　Tā wèntí kǎolǜde hěn zhōudào.
　　彼はものごとを考えるのに抜かりがない。

3) 我毛笔字写得不太好。
   Wǒ máobǐ zì xiěde bú tài hǎo.
   私は筆で字を書くのはあまりうまくない。

3. 形容詞＋"得"＋（人）＋"直"＋動詞

程度補語の一つで、"得"の後ろに「"直"＋動詞」（～するばかりである、～がとまらない）を加えて、程度の異常さを表す。

1) 冷得他直发抖。
   Lěngde tā zhí fādǒu.
   寒さのあまり彼は震えていた。

2) 辣得我直流泪。
   Làde wǒ zhí liú lèi.
   辛くて涙が出る。

3) 酸得他直流口水。
   Suānde tā zhí liú kǒushuǐ.
   すっぱくて彼は唾液がとまらない。

◯ ポイントの語句　CD51

困	kùn	眠い
稳	wěn	荒くない、しっかりしている
考虑	kǎolǜ	考える
周到	zhōudào	周到である、抜かりない
发抖	fādǒu	震える、身震いする
辣	là	辛い
流泪	liú lèi	涙を流す
酸	suān	すっぱい
流口水	liú kǒushuǐ	涎をたらす、唾液が出る

111

可把我吓死了。

女：昨天半夜地震，可把我吓死了。
Nǚ：Zuótiān bànyè dìzhèn, kě bǎ wǒ xiàsǐ le.

男：我怎么没感觉到？ 震得不厉害吧。
Nán：Wǒ zěnme méi gǎnjuédào? Zhènde bú lìhai ba.

女：震得挺厉害的，吓得我儿子直哭。
Zhènde tǐng lìhai de, xiàde wǒ érzi zhí kū.

男：你们是第一次赶上地震吧？
Nǐmen shì dì yī cì gǎnshang dìzhèn ba?

女：可不是嘛。你不怕吗？
Kěbushì ma. Nǐ bú pà ma?

男：我已经习惯了。
Wǒ yǐjing xíguàn le.

● スキットの語句

半夜	bànyè	真夜中
地震	dìzhèn	地震
吓死	xiàsǐ	大変びっくりさせられる
直哭	zhí kū	泣いてばかりいる
赶上	gǎnshang	出くわす、ぶつかる

スキットの訳

女：昨日の夜中の地震、本当にびっくりしました。

男：僕はどうして感じなかっただろう？ たいしたことなかったのかな。

女：すごかったわよ、うちの息子はびっくりして泣いちゃって。

男：あなたたちは初めて地震にあったんだよね。

女：そうなの。あなたは怖くないの。

男：もう慣れちゃったよ。

● トライしよう！

1. 与えられた語句を（　）の中に入れてみよう。

    (1) 我还没吃午饭，肚子饿（　）了。

    (2) 疼得他（　）叫。

    (3) 她总是把房间收拾得很（　）。

    | a. 直 |
    | b. 干净 |
    | c. 极 |

2. 次の語句を日本語の意味に合うように、正しい語順に並べよう。

    (1) 部屋は綺麗にしてある。
    　　A. 房间 fángjiān　　B. 得 de
    　　C. 布置 bùzhì　　D. 漂亮 piàoliang
    　　E. 很 hěn

    (2) 彼女は熱くて汗をたらたら流している。
    　　A. 直 zhí　　B. 热 rè
    　　C. 得 de　　D. 她 tā
    　　E. 流汗 liú hàn

    (3) 本当に頭に来た。
    　　A. 我 wǒ　　B. 真 zhēn
    　　C. 死了 sǐ le　　D. 气 qì
    　　E. 把 bǎ

3. 中国語に訳してみよう。

    (1) 昨日は本当に死ぬほど忙しかった。

    (2) 彼は字を打つのが速い。

    (3) 彼女はびっくりして泣いてしまった。

第 17 課　程度補語と様態補語

● 解説

1　（1）形容詞の後ろに空欄があるので、「形容詞＋"极了"」の構文を参考にすれば、何が入るべきか分かりますね。
　　（2）動詞の前に空欄があるので、「形容詞＋"得"＋（人）＋"直"＋動詞」を参考にすればいいわけです。
　　（3）「動詞＋"得"＋形容詞」の構文を使えば結構です。

2　（1）「動詞＋"得"＋形容詞」の語順で並べればいいです。
　　（2）「形容詞＋"得"＋"直"＋動詞」の語順で並べましょう。
　　（3）「形容詞＋"死了"」の構文を用いますが、注意しなければならないのは"我"が主語ではなく、"把"の目的語の位置に置かれるということです。

3　（1）「形容詞＋"死了"」の構文を使って作文すると同時に"把"を用いる必要もあります。そして、日本語にない"我"を目的語として新たに加えてください。
　　（2）「動詞＋"得"＋形容詞」の構文を用いて作文しますが、この場合、意味上の目的語"字"は実際に動詞の前に移動させることも忘れないでください。
　　（3）はそのままポイント3の構文を用いれば、正解になります。

1　（1）c　　（2）a　　（3）b
2　（1）ACBED　　（2）BCDAE　　（3）BEADC
3　（1）昨天真把我忙死了。
　　（2）他字打得很快。
　　（3）吓得她直哭。

第18課　可能補語

(CD53)

● ポイント

可能補語とは「動詞＋"得／不"」の後に結果補語や方向補語などを加えて、動作、行為の目的が実現可能かどうかを表すものである。

1. 動詞＋"得／不"＋"到"

"到"は動作の結果、ある地点に到達するという意味から、動作の目的が達成するという意味に転じた。動詞と"到"の間に"得／不"を入れて、その可能性を問題にする構文である。

1）在山西吃不到这么新鲜的鱼。
   Zài Shānxī chībudào zhème xīnxiān de yú.
   山西省ではこんなに新鮮な魚は食べられない。

2）你放哪儿了？我怎么找不到。
   Nǐ fàng nǎr le? Wǒ zěnme zhǎobudào.
   どこに置いたの。どうして見つからないのかな。

3）他怎么也猜不到。
   Tā zěnme yě cāibudào.
   彼はどうしても当てられなかった。

2. 動詞＋"得／不"＋方向補語

同じく動作の結果、その行為の目的語が実現できるかどうかを問題にする構文であるが、方向補語が用いられる場合は一般にその動作、行為が空間の移動と関係することが多い。

1）这个会场太小，一百个人坐不下。
   Zhèi ge huìchǎng tài xiǎo, yì bǎi ge rén zuòbuxià.
   ここの会場は狭すぎて、100人は座れない。

2）今天晚上开会，八点以前赶不回来。
   Jīntiān wǎnshang kāi huì, bā diǎn yǐqián gǎnbuhuílái.
   今晩は会議があるから、8時前には戻れない。

3）明天早上6点以前起得来吗？
　　Míngtiān zǎoshang liù diǎn yǐqián qǐdelái ma?
　　明日の朝6時前に起きられますか。

3. 動詞＋"得／不"＋結果補語

これも同じく動作の目的が実現可能かどうかを問題にする構文であるが、さまざまな結果補語（動詞、形容詞）を用いることが可能である。これらの結果補語に当たる成分は、本来の動詞や形容詞としての意味がまだ残っている場合も少なくない。

1）不戴眼镜看不见。
　　Bú dài yǎnjìng kànbujiàn.
　　眼鏡をかけないと見えない。

2）这么点儿你吃得饱吗？
　　Zhème diǎnr nǐ chīdebǎo ma?
　　こんなちょっとでお腹いっぱいになりますか。

3）看来这个手表修不好了。
　　Kànlái zhèi ge shǒubiǎo xiūbuhǎo le.
　　どうやらこの腕時計は修理しても直らないようだ。

● ポイントの語句　CD54

新鲜	xīnxiān	新鮮である
猜到	cāidào	当てる
坐下	zuòxia	座る
赶回来	gǎnhuilai	急いで戻ってくる
眼镜	yǎnjìng	眼鏡
吃饱	chībǎo	お腹いっぱいである

批不下来怎么办？

女：你工作找得怎么样了？
Nǚ：Nǐ gōngzuò zhǎode zěnmeyàng le?

男：还在找。但一直找不到合适的工作。
Nán：Hái zài zhǎo. Dàn yìzhí zhǎobudào héshì de gōngzuò.

女：我也是。我打算找不到好的工作，就去考研究生。
Wǒ yě shì. Wǒ dǎsuan zhǎobudào hǎo de gōngzuò, jiù qù kǎo yánjiūshēng.

男：我父母想让我去美国留学。
Wǒ fùmǔ xiǎng ràng wǒ qù Měiguó liúxué.

女：现在想去美国的人很多，万一批不下来怎么办？
Xiànzài xiǎng qù Měiguó de rén hěn duō, wànyī pībuxiàlái zěnme bàn?

男：批不下来再说。我想工作总会找得到的。
Pībuxiàlái zài shuō. Wǒ xiǎng gōngzuò zǒng huì zhǎodedào de.

○ スキットの語句

合适	héshì	合う
研究生	yánjiūshēng	大学院（生）
批下来	pīxialai	ビザが下りる
怎么办	zěnme bàn	どうする
总	zǒng	結局、どのみち

第 18 課　可能補語

スキットの訳

女：就職活動はどうですか。

男：まだやっているよ。でも、ずっと自分に合う仕事が見つからないんだ。

女：私もよ。いい仕事が見つからなかったら、大学院を受けるつもり。

男：うちの両親はアメリカに留学させたいみたいだよ。

女：最近はアメリカに行きたい人が多いけれど、もしビザが下りなかったらどうするの。

男：だめだったらそのときだよ。どのみち、仕事は見つけられると思うし。

● トライしよう!

1. 与えられた語句を(　)の中に入れてみよう。

　　(1) 今天肯定写不（　）了。

　　(2) 外面雨下得很大，出不（　）。

　　(3) 你藏这儿了，怪不得我找不（　）。

　　a. 到
　　b. 完
　　c. 去

2. 次の語句を日本語の意味に合うように、正しい語順に並べよう。

　　(1) 上海ではこんなに安い値段では買えない。
　　　　A. 不到 budào　　　　B. 在上海 zài Shànghǎi
　　　　C. 这么 zhème　　　　D. 便宜的 piányi de
　　　　E. 买 mǎi

　　(2) 車内は人が多すぎて乗れない。
　　　　A. 人 rén　　　　　　B. 上 shàng
　　　　C. 太多 tài duō　　　D. 不去 buqù
　　　　E. 车上 chēshang

　　(3) 中国語のラジオ放送を聞いて分かりますか。
　　　　A. 中文 Zhōngwén　　B. 你 nǐ
　　　　C. 听得懂 tīngdedǒng　D. 广播 guǎngbō
　　　　E. 吗 ma

3. 中国語に訳してみよう。

　　(1) ずいぶん長いこと探したが、何でまだ見つからないのか。

　　(2) 物が重すぎて運べない。

　　(3) チケットがなければ入れない。

第18課 ● 可能補語

解説

1 三つの語句が与えられていますが、それぞれの意味として"到"は物をゲットする、"完"は動作の完了、"去"は空間の移動を表す表現に用いられます。したがって、どの動詞と組み合わされているか、また文全体の意味を考えれば、どこに入るかがわかりますね。

2 （1）「動詞＋"得／不"＋"到"」の構文を参考にして語句を並べばいいでしょう。
　（2）二つの文からなっており、最初の文は原因を示し、後続の文は問題の可能補語を用います。
　（3）「動詞＋"得／不"＋結果補語」の構文の語順に従って語句を並べばいいわけです。

3 （1）「動詞＋"得／不"＋"到"」の構文を使って作文すればいいのです。日本語の「ずいぶん長いこと」に相当する中国語訳は"半天"を使うようにしてください。
　（2）二つの文からなっており、後半の文は「動詞＋"得／不"＋結果補語」の構文を使えばいいですが、「運べない」に対する中国語の訳には気をつけましょう。
　（3）こちらも二つの文からなっており、後半の文は「動詞＋"不"＋方向補語」の形をとればいいです。

1　（1）　b　　（2）　c　　（3）　a
2　（1）　BEACD　　（2）　EACBD　　（3）　ADBCE
3　（1）　找了半天，怎么还找不到。
　（2）　东西太重，我搬不动。
　（3）　没有票的话进不去。

第19課 強調と説明の構文

ポイント

1. X +"就是〜"

主語に当たるXを強調し、「ほかでもなく、そのXが〜である」という意味を表す。

1) 她就是我女朋友。
   Tā jiù shì wǒ nǚpéngyou.
   彼女が私のガールフレンドです。

2) 这就是我们这儿的拿手菜。
   Zhè jiù shì wǒmen zhèr de náshǒu cài.
   これがわれわれの得意料理です。

3) 这位就是你一直想见的周先生。
   Zhèi wèi jiù shì nǐ yìzhí xiǎng jiàn de Zhōu xiānsheng.
   こちらがあなたがずっと会いたがっていた周さんです。

2."是〜的"構文

すでに発生した行為について、その発生した時間、場所、方式及びその行為の動作主などを取り立てて述べるときに用いられる。

1) 昨天晚上是我给你打的电话。
   Zuótiān wǎnshang shì wǒ gěi nǐ dǎ de diànhuà.
   昨晩私があなたに電話をしたのです。

2) 这件旗袍是在上海订做的。
   Zhèi jiàn qípáo shì zài Shànghǎi dìngzuò de.
   このチャイナドレスは上海であつらえたのです。

3) 他是去年下的岗。
   Tā shì qùnián xià de gǎng.
   彼は去年レイオフされたのだ。

3. "是〜的"構文の省略と否定

実際に話し言葉では"是〜的"はしばしば"是"が省略されて、"〜的"だけで表す。"是〜的"の否定形は"是"の前に、"不是"を加えて"不是〜的"の形になる。

1) 我跟广播学的汉语。
   Wǒ gēn guǎngbō xué de Hànyǔ.
   私はラジオで中国語を学んだのです。

2) 他们在夏威夷举行的婚礼。
   Tāmen zài Xiàwēiyí jǔxíng de hūnlǐ.
   彼らはハワイで結婚式をしたのです。

3) 这个办法不是他想出来的。
   Zhèi ge bànfǎ bú shì tā xiǎngchulai de.
   この方法は彼が思いついたものではない。

◯ ポイントの語句   CD57

拿手菜	náshǒu cài	得意料理
旗袍	qípáo	チャイナドレス
订做	dìngzuò	あつらえる
下岗	xià gǎng	レイオフされる
夏威夷	Xiàwēiyí	ハワイ
举行	jǔxíng	行う
婚礼	hūnlǐ	結婚式
办法	bànfǎ	方法

你们是怎么认识的？

女：老师，这就是我男朋友。
Nǚ：Lǎoshī, zhè jiù shì wǒ nánpéngyou.

男：噢，小伙子长得挺帅，你们是怎么认识的？
Nán：Ō, xiǎohuǒzi zhǎngde tǐng shuài, nǐmen shì zěnme rènshi de?

女：我们是通过朋友介绍认识的。
Wǒmen shì tōngguò péngyou jièshào rènshi de.

男：他也是咱们学校毕业的吗？
Tā yě shì zánmen xuéxiào bì yè de ma?

女：不是。他是学半导体的，现在在一家外资企业工作。
Bú shì. Tā shì xué bàndǎotǐ de, xiànzài zài yì jiā wàizī qǐyè gōngzuò.

男：不错。祝你们俩比翼齐飞。
Bú cuò. Zhù nǐmen liǎ bǐyìqífēi.

● スキットの語句

小伙子	xiǎohuǒzi	若者
帅	shuài	垢抜けている
通过	tōngguò	～を通じて
毕业	bì yè	卒業する
半导体	bàndǎotǐ	半導体
外资企业	wàizī qǐyè	外資系企業
比翼齐飞	bǐyìqífēi	互いに助け合いながら頑張っていく

第19課　強調と説明の構文

スキットの訳

女：先生、こちらが私のボーイフレンドです。

男：ほう、かっこいいね。どこで知り合ったの。

女：友達の紹介を通じて知り合ったのです。

男：彼もうちの学校を卒業したの。

女：いえ。半導体の勉強をしていて、いまは外資系企業で働いています。

男：なかなかだね。二人で仲良く頑張ってね。

● トライしよう！

1. 与えられた語句を（　）の中に入れてみよう。

　　（1）他（　）这本书的作者。
　　（2）我（　）上个月去的欧洲。
　　（3）他（　）是跟电视学的汉语。

　　　　a．是
　　　　b．不
　　　　c．就是

2. 次の語句を日本語の意味に合うように、正しい語順に並べよう。

　　（1）私は新幹線で来たのです。
　　　　A．我 wǒ　　　　　　B．新干线 xīngànxiàn
　　　　C．来的 lái de　　　　D．坐 zuò
　　　　E．是 shì

　　（2）この方が私の先生です。
　　　　A．我 wǒ　　　　　　B．这位 zhèi wèi
　　　　C．老师 lǎoshī　　　　D．的 de
　　　　E．就是 jiù shì

　　（3）われわれは外国で知り合ったのです。
　　　　A．在 zài　　　　　　B．的 de
　　　　C．我们 wǒmen　　　D．认识 rènshi
　　　　E．国外 guówài

3. 中国語に訳してみよう。

　　（1）彼が私たちの社長です。
　　（2）誰が（あなたに）教えたの？
　　（3）私は飛行機で来たのではない。

第 19 課　強調と説明の構文

● 解説

1 　"是"と"就是"はやや紛らわしいようですね。つまり、一見して（1）と（2）の空欄にはどちらも入るような感じですが、よく見ると、この"是"は実は後ろの"的"と呼応して、すでに発生した行為について、時間、場所、方式などを強調するものであり、それに対して、"就是"は主語に当たる X について、「ほかでもなく」という意味を表すものです。ということで、前後の文脈をみれば、どれを空欄に入れるべきか分かりますね。それから"不"は否定なので、動詞の"是"の前に置かなければならないことも忘れずに。

2 　（1）"是～的"構文です。語順として"是"の直後に方式を表す語句が置かれることが大事です。
　　（2）「X +"就是"～」の構文に従って並べればいいのですが、この場合、"这位"だけで主語になることができます。
　　（3）"是～的"構文の"是"が省略された形であると考えれば結構です。

3 　（1）「彼」のところに「が」を用いて強調しているので、中国語では「X +"就是"」の構文で訳せば同じ表現になります。
　　（2）「誰が」は動作主を取り立てて質問しているので、中国語ではどの構文を使うべきか考えましょう。
　　（3）来たことは事実として認めていますが、来る手段として飛行機ではないことを強調する表現ですね。つまり、"是～的"構文の否定形ですね。

1 　（1）　c　　（2）　a　　（3）　b
2 　（1）　AEDBC　　（2）　BEADC　　（3）　CAEDB
3 　（1）　他就是我们总经理。
　　（2）　是谁告诉你的？
　　（3）　我不是坐飞机来的。

第20課　離合詞

ポイント

離合詞とは一般に「動詞＋目的語」の構造から構成される単語のことを指す。全体が一つの単語と見なされるものの、二つの成分の間に他の文法的成分を挿入することが可能である。このように二つの成分がくっついたり離れたりすることから離合詞といわれる。

1. 動詞＋目的語

動詞と目的語がくっついた形で、間に何も挿入せずに用いられる。

1）他们俩明年结婚。
　　Tāmen liǎ míngnián jié hūn.
　　あの二人は来年結婚する。

2）马上就要放假了。
　　Mǎshàng jiù yào fàng jià le.
　　もうすぐ休みになる。

3）外国人不能参加投票。
　　Wàiguórén bù néng cānjiā tóu piào.
　　外国人は投票に参加することができない。

2. 動詞＋数量詞＋目的語

動詞と目的語の間に数量詞などを挿入して、動作のかかる時間や回数などを表す。

1）今天一共上了四节课。
　　Jīntiān yígòng shàngle sì jié kè.
　　今日は全部で4コマ授業を受けた。

2）昨天才睡了四个小时觉。
　　Zuótiān cái shuìle sì ge xiǎoshí jiào.
　　昨日は4時間しか寝ていなかった。

3）他们俩结婚了这么多年，就吵过一次架。
Tāmen liǎ jiéhūnle zhème duō nián, jiù chǎoguo yí cì jià.
あの二人は結婚して何年にもなるが、たった一度しか口げんかをしたことがない。

3. 動詞＋〜＋目的語

動詞と目的語の間に連体修飾語や可能補語、動詞の重ね型のような文法的な成分を挿入して、さまざまな意味を表すことができる。

1）你想怎么做就怎么做吧，随你的便。
Nǐ xiǎng zěnme zuò jiù zěnme zuò ba, suí nǐ de biàn.
あなたのやりたいようにやって、好きなようにしてください。

2）这件事我可帮不了你的忙。
Zhèi jiàn shì wǒ kě bāngbuliǎo nǐ de máng.
この件は本当にあなたの手助けができません。

3）有时间咱们聊聊天儿。
Yǒu shíjiān zánmen liáoliao tiānr.
時間があればおしゃべりしましょう。

ポイントの語句　CD60

结婚	jié hūn	結婚する
放假	fàng jià	休みになる
投票	tóu piào	投票する
吵架	chǎo jià	口げんかをする
随便	suí biàn	都合のよいようにする
聊天儿	liáo tiānr	おしゃべりする

他今天不来上课吗？

女：李华怎么没来？
Nǚ: Lǐ Huá zěnme méi lái?

男：小王说他还在宿舍睡觉呢。
Nán: Xiǎo-Wáng shuō tā hái zài sùshè shuìjiào ne.

女：他今天不来上课吗？
Tā jīntiān bù lái shàng kè ma?

男：不知道。这几天他每天都打好几个小时工。大概累了吧。
Bù zhīdào. Zhè jǐ tiān tā měitiān dōu dǎ hǎo jǐ ge xiǎoshí gōng. Dàgài lèi le ba.

女：我有件事想请他帮忙。
Wǒ yǒu jiàn shì xiǎng qǐng tā bāng máng.

男：那你中午可以给他打个电话。
Nà nǐ zhōngwǔ kěyǐ gěi tā dǎ ge diànhuà.

● スキットの語句

| 宿舍 | sùshè | 寮 |
| 打工 | dǎ gōng | アルバイトをする |

スキットの訳

女：李華さんはどうして来ていないの。

男：彼はまだ寮で寝ているって王さんが言っていたよ。

女：今日は授業に来ないの。

男：わからないな。ここ数日は毎日何時間もアルバイトをしているよ。たぶん疲れたんだろう。

女：彼に頼みたいことがあるのだけれど。

男：それなら、お昼に電話をしたらいいよ。

● トライしよう！

1. 与えられた語句を(　)の中に入れてみよう。

 (1) 你什么时候毕（　）业？

 (2) 他离（　）两次婚。

 (3) 他听了以后点（　）点头说。

  a. 了
  b. 的
  c. 过

2. 次の語句を日本語の意味に合うように、正しい語順に並べよう。

 (1) 彼女はあまり写真をとるのが好きではない。
  A. 不 bù　　　　　B. 喜欢 xǐhuan
  C. 照相 zhào xiàng　D. 太 tài
  E. 她 tā

 (2) 私たちは合わせて三度会っています。
  A. 我们 wǒmen　　B. 面 miàn
  C. 见过 jiànguo　　D. 一共 yígòng
  E. 三次 sān cì

 (3) 彼のことで怒らないでください。
  A. 别 bié　　　　　B. 生 shēng
  C. 你 nǐ　　　　　D. 气 qì
  E. 他的 tā de

3. 中国語に訳してみよう。

 (1) スキーができますか。

 (2) 私は2回電話しました。

 (3) 暇があれば散歩してみるとよい。

解説

1 離合詞を取り上げていますが、離合詞の主な特徴は動詞と目的語の間にほかの文法的な成分を加えることができるところにあります。ここでは助詞"了"、"的"、"过"を入れてもらう練習ですが、(1)は強調構文、(2)は経験、(3)は単なる動作の繰り返しを表す行為を表すもので、それに合った助詞を加えれば結構です。

2 (1)離合詞の"照相"が"喜欢"の目的語として機能しているので、それをしかるべき位置に置くようにしましょう。

(2)数量詞が離合詞からなる動詞と名詞の間に置かなければならないことを忘れずに。あとは副詞の"一共"をしかるべき位置に置くようにしてください。

(3)"生气"(怒る)は離合詞なので、「怒る」相手も離合詞の間に入れるべきですね。

3 (1)「スキー」に相当する中国語は離合詞になります。

(2)2回に相当する中国語の数量表現は離合詞の間に入りますね。

(3)離合詞の重ね型をどうするかをきちんとおさえておけば正解になります。それから、勧めの表現として「してみるとよい」の日本語に相当する中国語は何で表すかを考えてください。

---

1 (1) b　(2) c　(3) a
2 (1) EADBC　(2) ADCEB　(3) CABED
3 (1) 你会滑雪吗？
　　(2) 我打了两次电话。
　　(3) 有空儿可以出去散散步。

第21課 使役構文

(CD62)

● ポイント

一般に使役構文とは X が Y に働きかけて何かをさせる行為のことをさすが、中国語では X が働きかけるときにいろいろな動詞を用いることが可能である。また Y に動作、行為をさせないように働きかけることもできる。

1. X ＋ "请" ＋ Y ＋ 動詞

この構文は、X が Y に丁寧に頼んで何かをしてもらう場合に用いられる。

1) 我们请导游介绍一下中国的情况。
   Wǒmen qǐng dǎoyóu jièshào yíxià Zhōngguó de qíngkuàng.
   中国の様子についてちょっと紹介してほしいとガイドに頼む。

2) 请老师写一封推荐信。
   Qǐng lǎoshī xiě yì fēng tuījiàn xìn.
   先生に推薦状を書いていただく。

3) 请工作人员开一张证明。
   Qǐng gōngzuò rényuán kāi yì zhāng zhèngmíng.
   スタッフに証明書を書いてもらう。

2. X ＋ "叫／让" ＋ Y ＋ 動詞

X が Y に働きかけて何かをするようにさせる意味と、X が原因で Y に何かをさせたという意味がある。

1) 医生叫病人按时吃药。
   Yīshēng jiào bìngrén ànshí chī yào.
   医者は患者に時間通りに薬を飲むように言った。

2) 教练让队员们每天练八个小时。
   Jiàoliàn ràng duìyuánmen měitiān liàn bā ge xiǎoshí.
   コーチはチームのメンバーに毎日8時間練習するよう言った。

3) 你这样做真叫我失望。
Nǐ zhèiyàng zuò zhēn jiào wǒ shīwàng.
君がこのようにしたので、本当に失望させられた。

3. X +"叫／让"+ Y +"别／不要"+ 動詞

この構文はXがYに対し動作、行為をしないように働きかけるという意味を持つ。

1) 妈妈不让孩子玩儿电子游戏。
Māma bú ràng háizi wánr diànzǐ yóuxì.
お母さんは子供にテレビゲームをさせない。

2) 他叫我别把这件事告诉别人。
Tā jiào wǒ bié bǎ zhèi jiàn shì gàosu biéren.
彼は私にこのことをほかの人に言わないようにと言った。

3) 他让我别在意。
Tā ràng wǒ bié zài yì.
気にしないようにと彼は言った。

○ ポイントの語句　CD63

推荐信	tuījiàn xìn	推薦状
工作人员	gōngzuò rényuán	スタッフ
证明	zhèngmíng	証明（書）
按时	ànshí	時間通りに
教练	jiàoliàn	コーチ
队员	duìyuán	チームのメンバー
练	liàn	練習する
电子游戏	diànzǐ yóuxì	テレビゲーム
在意	zài yì	気にかける

这不是叫我出丑吗？

女：**刘老师，我们想请您给大家唱段京剧。**
Nǚ：Liú lǎoshī, wǒmen xiǎng qǐng nín gěi dàjiā chàng duàn Jīngjù.

男：**你们怎么知道我会唱京剧？**
Nán：Nǐmen zěnme zhīdao wǒ huì chàng Jīngjù?

女：**是李老师告诉我们的。**
Shì Lǐ lǎoshī gàosu wǒmen de.

男：**让我在这么多人面前唱，这不是叫我出丑吗？**
Ràng wǒ zài zhème duō rén miànqián chàng, zhè bú shì jiào wǒ chū chǒu ma?

女：**没关系。您就给我们唱一段吧。**
Méi guānxi. Nín jiù gěi wǒmen chàng yí duàn ba.

男：**好吧。既然大家想听，那么我就唱一段。**
Hǎo ba. Jìrán dàjiā xiǎng tīng, nàme wǒ jiù chàng yí duàn.

○ スキットの語句

段	duàn	(量詞)劇などの一部分を数える
京剧	Jīngjù	京劇
出丑	chū chǒu	恥をさらす
既然	jìrán	〜するからには、〜である以上

スキットの訳

女：劉先生、みんなに京劇をひとふし歌ってはいただけませんか。

男：私が京劇ができるのをどうして知っているんだい。

女：李先生が教えてくれたのです。

男：そんな大勢の人の前で歌わせるなんて、私に恥をかかせようというのかね。

女：大丈夫です。ひとくさりだけ歌ってくだされば。

男：いいでしょう。みんなが聞きたいというからには、歌いましょう。

● トライしよう！

1. 与えられた語句を（　）の中に入れてみよう。

 （1）（　）老师写一封介绍信。

 （2）这件事真（　）我头疼。

 （3）他叫我（　）担心。

 a. 叫
 b. 别
 c. 请

2. 次の語句を日本語の意味に合うように、正しい語順に並べよう。

 （1）お母さんは子供に早くうちに帰るように言った。
  A. 妈妈 māma   B. 早点儿 zǎo diǎnr
  C. 叫 jiào   D. 回家 huí jiā
  E. 孩子 háizi

 （2）店員に領収書を発行してもらった。
  A. 收据 shōujù   B. 请 qǐng
  C. 开了 kāile   D. 一张 yì zhāng
  E. 店员 diànyuán

 （3）彼女は私に酒を飲ませてくれない。
  A. 让 ràng   B. 不 bù
  C. 我 wǒ   D. 她 tā
  E. 喝酒 hē jiǔ

3. 中国語に訳してみよう。

 （1）彼は私に緊張しないように言った。

 （2）医者は彼によく休むように言った。

 （3）友人に自宅に遊びに来てもらう。

● 解説

1　与えられている語句の中で、"请"は相手が目上の人あるいは目上の人でなくても相手に丁寧にお願いするときに用いられます。"叫"は日本語の「させる」、あるいは「～するように頼む」に相当し、"别"はそうした使役文の中で、相手に「～しないように言う」時に用いられます。

2　(1)「X＋"叫／让"＋Y＋動詞」の語順で並べればいいのですが、注意すべきは修飾語の"早点儿"の位置です。意味的に修飾される動作の直前に置くことが大事です。

　　(2)「X＋"请"＋Y＋動詞」の語順で並べましょう。ただ、与えられた語句の中で名詞は"店员"しかないので、意味的にXとYのどちらであるかを間違えないように。

　　(3)使役の否定です。"不"が否定するのは"叫／让"であり、この点"别"とは違うので注意してください。

3　(1)「X＋"叫／让"＋Y＋"别／不要"＋動詞」の構文を用いて作文してください。

　　(2)「X＋"叫／让"＋Y＋動詞」の構文を用いますが、修飾語の"好好儿"の位置を間違えないように。

　　(3)「X＋"请"＋Y＋動詞」の構文を使ってください。問題はこの場合「友人」がXではなく、Yであることに注意してください。

1　(1) c　(2) a　(3) b
2　(1) ACEBD　(2) BECDA　(3) DBACE
3　(1) 他叫我别紧张。
　　(2) 医生让他好好儿休息。
　　(3) 请朋友来家里玩儿。

第22課 受身構文

CD65

● ポイント

1. X＋"被／叫／让"＋Y＋動詞＋〜

受身構文は「XがYに（よって）〜される」という意味を表すが、中国語の場合、単に「〜される」だけでは不十分で、Yが何かをされて、その結果どうなったかについても述べなければならない。また、意味的には好ましくない場合が多い。

1) 老爷爷被自行车撞倒了。
   Lǎoyéye bèi zìxíngchē zhuàngdǎo le.
   おじいさんは自転車にぶつけられて倒れた。

2) 他被警察教训了一顿。
   Tā bèi jǐngchá jiàoxunle yí dùn.
   彼は警察にひとしきりしかられた。

3) 孩子叫父亲狠狠地打了一顿。
   Háizi jiào fùqin hěnhěnde dǎle yí dùn.
   子供は父親にひどく殴られた。

2. X＋"给"＋Y＋動詞＋〜

中国語では受身を表す形はたくさんあり、特に話し言葉では"被／叫／让"のほかに"给"を用いて表すことも可能である。

1) 自行车给别人骑走了。
   Zìxíngchē gěi biéren qízǒu le.
   自転車はほかの人に乗って行かれてしまった。

2) 昨天佐藤给车撞伤了。
   Zuótiān Zuǒténg gěi chē zhuàngshāng le.
   昨日佐藤さんは車にぶつかられて怪我をした。

3) 电脑给病毒感染了。
   Diànnǎo gěi bìngdú gǎnrǎn le.
   パソコンがウイルスに感染した。

3. X＋"被／给"＋動詞＋〜

左の二つの構文ではいずれも動作、作用の主体にあたるYを文中に明示しているが、実際にそうした動作、作用の主体を明示しない表現も可能である。この構文はそういう動作、作用の主体を明示する必要のないときに用いられる。

1) 昨天他突然被解雇了。
   Zuótiān tā tūrán bèi jiěgù le.
   昨日彼は突然解雇された。

2) 因为昨天没带伞，衣服全给淋湿了。
   Yīnwèi zuótiān méi dài sǎn, yīfu quán gěi línshī le.
   昨日は傘を持っていなかったので、服がすっかりぬれてしまった。

3) 这孩子真给宠坏了。
   Zhè háizi zhēn gěi chǒnghuài le.
   この子は本当に甘やかされてしまった。

○ ポイントの語句　CD66

老爷爷	lǎoyéye	おじいさん
撞倒	zhuàngdǎo	ぶつかって倒す／倒れる
警察	jǐngchá	警察
教训	jiàoxun	しかる
顿	dùn	(量詞) 動作の回数を数える
狠狠地	hěnhěnde	ひどく
撞伤	zhuàngshāng	ぶつかって怪我をさせる／する
病毒	bìngdú	ウイルス
感染	gǎnrǎn	感染する
解雇	jiěgù	解雇する
淋湿	línshī	ぬれる
宠坏	chǒnghuài	甘やかす

CD67

被上司狠狠地骂了一顿。

女：今天好像情绪不太好，怎么了？
Nǚ：Jīntiān hǎoxiàng qíngxù bú tài hǎo, zěnme le?

男：今天被上司狠狠地骂了一顿。
Nán：Jīntiān bèi shàngsī hěnhěnde màle yí dùn.

女：刚开始做，总会出错儿的，不用往心里去。
Gāng kāishǐ zuò, zǒng huì chū cuòr de, búyòng wǎng xīnli qù.

男：一起干的一个同事，今天给炒鱿鱼了。
Yìqǐ gàn de yí ge tóngshì, jīntiān gěi chǎo yóuyú le.

女：真的？那你也得小心别被炒了。
Zhēn de? Nà nǐ yě děi xiǎoxīn bié bèi chǎo le.

男：我觉得挺注意的了。可不知为什么总是出错儿。
Wǒ juéde tǐng zhùyì de le. Kě bù zhī wèi shénme zǒng shì chū cuòr.

○ スキットの語句

情绪	qíngxù	機嫌、気持ち
上司	shàngsī	上司
骂	mà	しかる
出错儿	chū cuòr	ミスをする
炒鱿鱼	chǎo yóuyú	首にする

スキットの訳

女：今日は機嫌があまりよくないみたいね、どうしたの。

男：今日上司にひどくしかられたんだ。

女：はじめのころはミスをするものよ。気にすることないわ。

男：一緒に働いている同僚が今日首になったんだ。

女：本当？じゃあなたも首にならないよう気をつけないと。

男：気をつけているつもりだよ。でもなぜかいつもミスをしてしまうんだ。

● トライしよう！

1. 与えられた語句を（　）の中に入れてみよう。

   (1) 衣服都被雨淋（　）了。

   (2) 这次他又给人（　）了。

   (3) 我的电脑给弄（　）了。

   a. 坏
   b. 骗
   c. 湿

2. 次の語句を日本語の意味に合うように、正しい語順に並べよう。

   (1) 周さんはやっとみんなに説得された。
   　　A. 老周 Lǎo-Zhōu　　　B. 大家 dàjiā
   　　C. 说服了 shuōfú le　　D. 被 bèi
   　　E. 终于 zhōngyú

   (2) われわれの話は他人に聞かれてしまった。
   　　A. 我们的 wǒmen de　　B. 别人 biéren
   　　C. 听见了 tīngjiàn le　　D. 谈话 tánhuà
   　　E. 给 gěi

   (3) 彼は先月解任されてしまった。
   　　A. 被 bèi　　　　　　　B. 撤职 chè zhí
   　　C. 了 le　　　　　　　　D. 上个月 shàng ge yuè
   　　E. 他 tā

3. 中国語に訳してみよう。

   (1) 彼はみんなに言われて、泣いてしまった。

   (2) 犯人は警察に捕まった。

   (3) 子供は大変びっくりさせられた。

第22課 ● 受身構文

● 解説

1 "坏"、"湿"、"骗"の語句が与えられていますが、"坏"は物が壊れるときに用いられ、"湿"は雨に降られてぬれたときに用いられます。"骗"は「騙す」という意味なので、それぞれの空欄に何が入るか分かりますね。

2 （1）"被"を用いた受身なので、「X＋"被"＋Y＋動詞」構文の語順で並べればいいのですが、副詞の"终于"の語順に注意しましょう。

（2）"给"を用いた受身文なので、「X＋"给"＋Y＋動詞」構文の語順で並べるようにしましょう。

（3）名詞が一つしか与えられていないので、"他"は文頭に置き、"被"の直後に動詞を置くようにしましょう。

3 受身の表現として"被"と"给"のどちらを使ってもかまいません。

（1）"被"を使ってください。それから、「泣いてしまった」に相当する中国語は結果補語として考えてください。

（2）"给"を使いましょう。そして、「捕まった」に相当する中国語は結果補語として考えてください。

（3）"给"を使いましょう。「びっくりさせられる」に対応する中国語は"吓坏"であることを覚えましょう。

---

1 （1） c （2） b （3） a
2 （1） AEDBC （2） ADEBC （3） EDABC
3 （1） 他被大家说哭了。
　（2） 犯人给警察抓住了。
　（3） 孩子给吓坏了。

コラム3 直訳からの脱却

　食事の際「ビールはいかがですか？」と勧められたら、どのように断ればよいのでしょうか。日本語では「結構です。」あるいは「いいです。」というのが普通のようですが、これをそのまま中国語に訳すと"可以"（kěyǐ）や"好"（hǎo）といった表現になります。しかしそれは「はい、いいよ」という意味として理解され、ビールを入れられてしまうことになります。こういうときは中国語では普通"我不喝"（wǒ bù hē）（飲みません）とか"不要"（bú yào）（いりません）と言って断ります。ただ、そのあと"谢谢"（xièxie）を添えることも忘れずに。

　また食事が終わって一緒に店を出るとき、日本語では「行きましょうか」と言いますが、これを中国語に直訳すると、"去吧"になります。しかし、中国語では一般に"走吧"（zǒu ba）と言います。"去吧"は目的地があってそこへ行くときに使われますが、その場を後にする場合、"去吧"（qù ba）ではなく、"走吧"と言わなければなりません。

　もう一例を挙げましょう。人の家に招待され、帰り際に言う挨拶として、日本語ではよく「（時間が）もう遅いですから、そろそろ失礼します」と言いますが、この表現をそのまま直訳して"时间已经晚了，我走了"（shíjiān yǐjing wǎn le, wǒ zǒu le）のような中国語に訳してしまうと、また不自然な表現になってしまいます。この場合、中国語では"时间已经不早了，我该走了"（shíjiān yǐjing bù zǎo le, wǒ gāi zǒu le）のように言います。つまり、日本語の「遅い」を否定の形式で"不早了"（もう早くない）と言ってはじめて自然な中国語となるのです。

　中国語の勉強において、初・中級者がよくこのような間違いを起こします。このような間違いを起こさないために大事なのは、日本語の直訳から脱却し、場面に合わせた中国語を覚えて使うことです。言葉を如何に場面に合った適切な言い回しで表せるかが、中・上級者になるための重要な条件なのです。この一冊をまもなく終えようとする皆さん、すでに基本を身につけたのですから、これからは場面に合わせた表現をどんどん覚えて、更なる飛躍を目指しましょう。

応用編

第23課:"又～又～"、"既～又～"、"一边～一边～" / 第24課:"连～也／都"、"肯定(是)～" / 第25課:"就是～"、"不是A就是B"、"只是～" / 第26課:"～就"、"才～就～"、"就～"

第23課 "又～又～"、"既～又～"、"一边～一边～"

(CD68)

● ポイント

1. "又～又～"

ある人あるいは事物が複数の性質や特徴を兼ね備えていることを述べる場合に用いられる構文である。日本語では「～くて～」、「～し、～し」で訳すことが可能である。

1) 他字写得又快又漂亮。
   Tā zì xiěde yòu kuài yòu piàoliang.
   彼は字を書くのがはやくてうまい。

2) 我觉得又好气又好笑。
   Wǒ juéde yòu hǎo qì yòu hǎoxiào.
   腹立たしくもあり、おかしくも感じた。

3) 走了一天，什么也没吃，又累又饿。
   Zǒule yì tiān, shénme yě méi chī, yòu lèi yòu è.
   一日中歩いていて何も食べていないので、疲れたし、お腹がすいた。

2. "既～又～"

上の構文とほとんど同じ意味を表すが、書き言葉ではこちらを用いることが多い。

1) 这家餐厅既经济又实惠。
   Zhèi jiā cāntīng jì jīngjì yòu shíhuì.
   このレストランは経済的で安上がりだ。

2) 这个包儿既大方又实用。
   Zhèi ge bāor jì dàfang yòu shíyòng.
   このバッグは上品でかつ実用的だ。

3) 这件衣服既美观又大方。
   Zhèi jiàn yīfu jì měiguān yòu dàfang.
   この服はきれいで上品だ。

3. "一边～一边～"

二つのことを同時に行う意味を表し、日本語では一般に「～をしながら、～をする」と訳される。また派生用法として、相反する二つのことを同時に行う意味を表すことも可能である。この場合、日本語では「～するそばから～」と訳されることもある。形式的には"边～边～"も可能である。

1) 松本喜欢一边走路一边思考问题。
   Sōngběn xǐhuan yìbiān zǒu lù yìbiān sīkǎo wèntí.
   松本さんは歩きながらものごとを考えるのが好きだ。

2) 别一边干活一边聊天儿。
   Bié yìbiān gàn huó yìbiān liáotiānr.
   仕事をしながらおしゃべりをするな。

3) 年龄大了，总是边学边忘。
   Niánlíng dà le, zǒng shì biān xué biān wàng.
   歳をとったので、いつも勉強するそばから忘れる。

◯ ポイントの語句　CD69

好气	hǎo qì	腹立たしい
好笑	hǎoxiào	おかしい
经济	jīngjì	経済的である
实惠	shíhuì	実質的である
大方	dàfang	上品である
实用	shíyòng	実用的である
美观	měiguān	美しい
干活	gàn huó	仕事をする

听说那儿又便宜又好吃。

CD70

男：下星期请客人去南方酒家吃饭吧。
Nán: Xià xīngqī qǐng kèren qù Nánfāng jiǔjiā chī fàn ba.

女：太好了。听说那儿又便宜又好吃。
Nǚ: Tài hǎo le. Tīng shuō nàr yòu piányi yòu hǎochī.

男：好像还可以一边吃饭一边看歌舞呢。
Hǎoxiàng hái kěyǐ yìbiān chī fàn yìbiān kàn gēwǔ ne.

女：真的？那客人一定非常高兴。
Zhēn de? Nà kèren yídìng fēicháng gāoxìng.

男：麻烦你去给订一下。
Máfan nǐ qù gěi dìng yíxià.

女：订什么菜呢？
Dìng shénme cài ne?

男：最好订几个既有特色又好吃的菜。
Zuìhǎo dìng jǐ ge jì yǒu tèsè yòu hǎochī de cài.

○ スキットの語句

酒家	jiǔjiā	レストラン
歌舞	gēwǔ	歌と踊り
麻烦	máfan	面倒をかける
订	dìng	注文する

第23課 ● "又~又~"、"既~又~"、"一边~一边~"

スキットの訳

男：来週お客さんに南方酒家でごちそうしよう。

女：いいですね。あそこは安くておいしいそうですから。

男：食事をしながら歌と踊りも楽しめるそうだね。

女：本当ですか。それならきっとお客さんが喜びますね。

男：すまないけど予約してくれるかな。

女：どんな料理を頼みますか。

男：名物料理でおいしいものをいくつか頼めるといいね。

● トライしよう！

1. 適切な語句を（　　）の中に入れてみよう。

　　(1) 这个行李（ ）小（ ）轻，非常好带。

　　(2) 这件衣服（ ）贵（ ）不好看，别买了。

　　(3) 不要（ ）开车（ ）打电话。

2. 次の語句を日本語の意味に合うように、正しい語順に並べよう。

　　(1) 胡さんの家は遠くて不便だ。
　　　　A. 小胡家 Xiǎo-Hú jiā　　　B. 远 yuǎn
　　　　C. 又 yòu　　　　　　　　D. 不方便 bù fāngbiàn
　　　　E. 又 yòu

　　(2) 銭さんは歌もできるし、ダンスもできる。
　　　　A. 既 jì　　　　　　　　　B. 小钱 Xiǎo-Qián
　　　　C. 会唱 huì chàng　　　　　D. 会跳 huì tiào
　　　　E. 又 yòu

　　(3) 私も習いながら教えているのだ。
　　　　A. 也 yě　　　　　　　　　B. 边学 biān xué
　　　　C. 是 shì　　　　　　　　D. 边教 biān jiāo
　　　　E. 我 wǒ

3. 中国語に訳してみよう。

　　(1) 彼女のボーイフレンドは（背が）高くて（体が）大きい。

　　(2) 彼のガールフレンドは綺麗で聡明だ。

　　(3) 私は音楽を聴きながら勉強するのが好きだ。

● 解説

1. "又~又~"と"既~又~"はいずれも複数の性質や特徴を説明する構文であり、あまり大きな違いはありませんが、"一边~一边~"は二つの行為を同時に行うことを表すものです。ですから、前者は一般に形容詞と一緒に用いられ、後者は動詞と一緒に用いられるのが普通です。

2. （1）"又~又~"構文の語順で並べましょう。
   （2）"既~又~"構文の語順で並べれば結構です。
   （3）"一边~一边~"を用いていますが、一つ注意してほしいのは副詞の"也"と強調の"是"の語順です。

3. （1）"又~又~"を用いて作文しましょう。この場合日本語の「背」や「体」に相当する名詞は中国語では必要がありません。ただ、"又~又~"を様態補語として用いることができます。その際どの動詞を用いるかを間違えないでください。
   （2）"既~又~"を使って訳しましょう。
   （3）日本語を見れば、"一边~一边~"を用いることが分かりますね。ただ、"一边~一边~"構文が"喜欢"の目的語であることを間違えないでください。

---

1 （1） 又（既）、又　（2） 又（既）、又　（3） 一边、一边
2 （1） AC(E)BE(C)D　（2） BACED　（3） EACBD
3 （1） 她男朋友（长得）又高又大。
  （2） 他女朋友既漂亮又聪明。
  （3） 我喜欢一边听音乐，一边学习。

第24課 "连～也／都"、"肯定(是)～"

● ポイント

1. "连～也／都"①

極端な事象を取り上げて強調する構文である。実際に極端な事象といっても実現の可能性がもっとも大きいものと実現の可能性がもっとも低いものとがあり、ここでは前者の例文を取りあげる。日本語では「～も」、「～すら」、「～さえも」などで訳すことが可能である。

1) 昨天忙得**连**吃饭的工夫**都**没有。
   Zuótiān mángde lián chī fàn de gōngfu dōu méiyou.
   昨日は忙しくて食事の時間さえなかった。

2) **连**招呼**也**不打就走了。　Lián zhāohu yě bù dǎ jiù zǒu le.
   挨拶もせずに行ってしまった。

3) 他**连**报纸**都**不看。　Tā lián bàozhǐ dōu bú kàn.
   彼は新聞すら読まない。

2. "连～也／都"②

上の構文と同じように、極端な事象を取り上げて強調する構文であるが、ここではもっとも実現の可能性が低いことも実現してしまうという意味を表す例文を取り上げる。日本語では「～も」や「～さえも」のほかに、「～まで」で訳すことが可能である。

1) 连班里学习最好的佐藤都没及格。
   Lián bānli xuéxí zuì hǎo de Zuǒténg dōu méi jígé.
   クラスで勉強が一番できる佐藤さんでさえ合格しなかった。

2) 连意志坚强的小刘都被感化了。
   Lián yìzhì jiānqiáng de Xiǎo-Liú dōu bèi gǎnhuà le.
   意志の強い劉さんでさえ感化された。

3) 连冠军也被他打败了。　Lián guànjūn yě bèi tā dǎbài le.
チャンピオンまで彼に負けた。

3. "肯定(是)～"

"肯定"は話し手の判断を表す副詞として述語の前に置かれ、「きっと」、「間違いなく～だ」、「～に違いない」という意味を表す。また"肯定"の後ろに"是"を加えると、さらに強調の意味になる。ただこの形は一般に主語の前に置くのが普通である。

1) 你肯定会满意的。
   Nǐ kěndìng huì mǎnyì de.
   きっと満足すると思います。

2) 肯定来不了了，不然早就应该到了。
   Kěndìng láibuliǎo le, bùrán zǎojiù yīnggāi dào le.
   きっと来られなくなったのだ、さもなければとっくに着いているはずだ。

3) 肯定是机器发生故障了。　Kěndìng shì jīqì fāshēng gùzhàng le.
   きっと機械に故障が生じたのだ。

○ ポイントの語句　CD72

工夫	gōngfu	時間
打招呼	dǎ zhāohu	挨拶する
及格	jígé	合格する
坚强	jiānqiáng	強い
感化	gǎnhuà	感化する
冠军	guànjūn	優勝者、チャンピオン
打败	dǎbài	打ち負かす
机器	jīqì	機械
故障	gùzhàng	故障

肯定是广告开始奏效了。

女：你们今天又加班啊？
Nǚ： Nǐmen jīntiān yòu jiā bān a?

男：是啊。最近忙得连休息的时间都没有。
Nán： Shì a. Zuìjìn mángde lián xiūxi de shíjiān dōu méiyou.

女：怎么突然忙起来了？
Zěnme tūrán mángqilai le?

男：不知道。连我们上司也觉得莫名其妙。
Bù zhīdào. Lián wǒmen shàngsī yě juéde mòmíngqímiào.

女：肯定是广告开始奏效了。
Kěndìng shì guǎnggào kāishǐ zòu xiào le.

男：你说得对，看来是广告的作用。
Nǐ shuōde duì, kànlái shì guǎnggào de zuòyòng.

◯ スキットの語句

莫名其妙	mòmíngqímiào	何が何だかわからない
广告	guǎnggào	広告
奏效	zòu xiào	効果が現れる
看来	kànlái	どうやら

スキットの訳

女：今日も残業ですか？

男：そうだよ。最近は忙しくて休む暇もないよ。

女：どうして急に忙しくなったの。

男：わからない。上司にもよくわからないんだ。

女：きっと広告の効果が出始めたのよ。

男：そのとおりだ、どうやら広告の効果のようだね。

● **トライしよう！**

1. 適切な語句を（　）の中に入れてみよう。

    (1) 忙得连喝杯咖啡的时间（　）没有。

    (2) （　）小孩儿都能回答。

    (3) 现在去（　）来不及了。

2. 次の語句を日本語の意味に合うように、正しい語順に並べよう。

    (1) 電気も消さずに出かけてしまった。
    　　A. 都 dōu　　　　　　　　B. 连灯 lián dēng
    　　C. 就 jiù　　　　　　　　D. 出去了 chūqu le
    　　E. 没关 méi guān

    (2) 一番治りにくい病気さえも彼が治してしまった。
    　　A. 最难治的病 zuì nán zhì de bìng　B. 被他 bèi tā
    　　C. 连 lián　　　　　　　　D. 治好了 zhìhǎo le
    　　E. 都 dōu

    (3) 薬が効き始めたに違いない。
    　　A. 了 le　　　　　　　　　B. 药 yào
    　　C. 起作用 qǐ zuòyòng　　　D. 开始 kāishǐ
    　　E. 肯定是 kěndìng shì

3. 中国語に訳してみよう。

    (1) こういうことは子供でさえ知っている。

    (2) 専門家さえも（見て）分からない。

    (3) あなたは気に入ってくれるに違いない。

● 解説

1 この三つの文のうち、二つの文は"连～也／都"構文が用いられているので、それぞれ空欄に何を入れるべきかは分かりますね。残りは"肯定"を用いればいいわけですね。

2 （1）"连～也／都"構文の語順に従って並べましょう。ただ、副詞の"就"の位置に気をつけてください。

（2）（1）と同じ"连～也／都"構文なので、（1）と同じ語順で並べるようにすればいいのですが、受身を表す"被他"がどこに入れるかにも注意してください。

（3）"肯定（是）～"構文を用いて作文してください。主語の"药"は"肯定（是）～"の後に置けばいいです。

3 （1）"连～也／都"構文を使ってください。ただ、日本語の「こういうことは」に相当する中国語は文頭に置くようにしましょう。

（2）こちらも同じく"连～也／都"を使いますが、「専門家」の中国語の訳は日本語にとらわれないように注意しましょう。

（3）"肯定"を使いましょう。また、「あなた」に相当する"你"は文頭に置くようにしましょう。

---

1 （1） 都(也)　（2） 连　（3） 肯定
2 （1） BAECD　（2） CAEBD　（3） EBDCA
3 （1） 这种事儿连孩子都知道。
　（2） 连专家都看不懂。
　（3） 你肯定会喜欢的。

第25課 "就是～"、"不是 A 就是 B"、"只是～"

ポイント

1. "就是～"

述語で述べられる動作、状態がある範囲に限られていることを表す。

1) 老丁人不错，就是脾气大了点儿。
   Lǎo-Dīng rén bú cuò, jiùshì píqi dàle diǎnr.
   丁さんは人は悪くないが、ただちょっと怒りっぽい。

2) 这次旅游吃得还可以，就是住的宾馆不太好。
   Zhèi cì lǚyóu chīde hái kěyǐ, jiùshì zhù de bīnguǎn bú tài hǎo.
   今回の旅行は食事はまあまあだったが、泊まったホテルはあまりよくなかった。

3) 这套房子不错，就是朝向不太好。
   Zhèi tào fángzi bú cuò, jiùshì cháoxiàng bú tài hǎo.
   この家は悪くないが、ただ向きがあまりよくない。

2. "不是 A 就是 B"

A でなければ、B だという二者択一の意味を表す。

1) 他很散漫，不是迟到就是早退。
   Tā hěn sǎnmàn, bú shì chídào jiùshì zǎotuì.
   彼はとてもルーズで、遅刻でなければ早退をする。

2) 这孩子不是玩儿游戏就是看漫画儿。
   Zhè háizi bú shì wánr yóuxì jiùshì kàn mànhuàr.
   この子はゲームで遊んでなければ漫画を読んでいる。

3) 他吃得很简单，不是方便面就是汉堡包。
   Tā chīde hěn jiǎndān, bú shì fāngbiànmiàn jiùshì hànbǎobāo.
   彼は食べるものは簡単で、インスタントラーメンかハンバーガーのどちらかだ。

3. "只是～"

やや婉曲的な表現として、前件で述べられていることに対して補足説明をするときに用いられる。日本語では「ただ～」で訳すことが多い。

1）这件衣服好看是好看，只是颜色有点儿素。

　　Zhèi jiàn yīfu hǎokàn shì hǎokàn, zhǐshì yánsè yǒudiǎnr sù.
　　この服はいいことはいいけれども、色が少し地味だ。

2）"你脸色不太好，是不是哪儿不舒服？""没什么，只是有点儿累。"

　　Nǐ liǎnsè bú tài hǎo, shì bu shì nǎr bù shūfu? Méi shénme, zhǐshì yǒudiǎnr lèi.
　　「顔色がよくないけれど、どこか具合悪いの」
　　「大丈夫です、ただちょっと疲れているんです」

3）便宜是便宜，只是款式不太好。

　　Piányi shì piányi, zhǐshì kuǎnshì bú tài hǎo.
　　安いことは安いが、ただしデザインがあまりよくない。

● ポイントの語句　CD75

脾气	píqi	性格、怒りっぽい気性
宾馆	bīnguǎn	ホテル
朝向	cháoxiàng	（玄関や建物の窓の）向き
散漫	sǎnmàn	ルーズである
迟到	chídào	遅刻する
早退	zǎotuì	早退する
游戏	yóuxì	遊び
漫画儿	mànhuàr	漫画
方便面	fāngbiànmiàn	インスタントラーメン
汉堡包	hànbǎobāo	ハンバーガー
素	sù	地味である

就是天气不太好。

男：你这次去旅游，玩儿得怎么样？
Nán： Nǐ zhèi cì qù lǚyóu, wánrde zěnmeyàng?

女：玩儿得还可以，就是天气不太好。
Nǚ： Wánrde hái kěyǐ, jiùshì tiānqì bú tài hǎo.

男：真的？天气预报不是说是好天吗？
Zhēn de? Tiānqì yùbào bú shì shuō shì hǎotiān ma?

女：基本上不是阴天就是下雨，只有一天是好天。
Jīběnshang bú shì yīntiān jiùshì xià yǔ, zhǐ yǒu yì tiān shì hǎotiān.

男：该看的地方都看了吗？
Gāi kàn de dìfang dōu kànle ma?

女：看是看了，只是照出来的相片都是黑乎乎的。
Kàn shì kànle, zhǐshì zhàochulai de xiàngpiàn dōu shì hēihūhū de.

○ スキットの語句

天气预报	tiānqì yùbào	天気予報
阴天	yīntiān	曇り空
该	gāi	～すべき
黑乎乎	hēihūhū	真っ黒、薄暗い

第25課 "就是〜"、"不是A就是B"、"只是〜"

スキットの訳

男：今回の旅行、どうでしたか。

女：まあまあでした。ただお天気があまりよくなくて。

男：本当？天気予報ではいい天気だと言ってなかった？

女：大体曇りか雨で、天気がよかったのは一日だけでした。

男：見るべきところは全部見た？

女：見るには見たけれど、出来上がった写真は全部はっきり見えないのよ。

● **トライしよう！**

1．適切な語句を（　　）の中に入れてみよう。

　　(1) 这次旅游玩儿得很舒服，（　）睡得太少。

　　(2) 小沈星期天在家（　）打扫卫生就是洗衣服。

　　(3) 这个菜好吃是好吃，（　）价钱贵了点儿。

2．次の語句を日本語の意味に合うように、正しい語順に並べよう。

　　(1) 仕事の条件は結構いいが、ただ忙しすぎる。
　　　　A．不错 bú cuò　　　　　　B．工作 gōngzuò
　　　　C．就是 jiùshì　　　　　　D．太忙 tài máng
　　　　E．条件 tiáojiàn

　　(2) 彼は週末は残業か出張かのどちらかだ。
　　　　A．他周末 tā zhōumò　　　B．出差 chū chāi
　　　　C．不是 bú shì　　　　　　D．加班 jiā bān
　　　　E．就是 jiùshì

　　(3) 試験を受けたことは受けたが、結果はあまり理想的ではない。
　　　　A．考是考了 kǎo shì kǎole　B．考得 kǎode
　　　　C．理想 lǐxiǎng　　　　　　D．不太 bú tài
　　　　E．只是 zhǐshì

3．中国語に訳してみよう。

　　(1) 今日は大変暖かい。ただ風がすこし強い。

　　(2) 彼は毎日運動している。ジョギングか水泳かのどちらかだ。

　　(3) 習ったことは習ったが、ただ覚えていないだけだ。

第25課 ● "就是～"、"不是A就是B"、"只是～"

● 解説

1 "就是～"と"只是～"の意味が近いので、どちらを使ってもいいのですが、もう一つの文では"不是"しか使えません。
2 （1）"就是～"は「忙しすぎる」を補足説明しているところをおさえておけば結構です。
　（2）"不是A就是B"の語順で並べばいいのですが、順番として、"出差"がAにあたり、"加班"がBにあたることを間違えないでください。
　（3）"只是～"構文が用いられていますが、日本語の「結果は」に相当する語句は見当たりません。様態補語の"考得"がそれに当たります。
3 （1）"就是～"を使って訳してください。日本語では風が「強い」といいますが、中国語では"大"ということを覚えましょう。
　（2）日本語を見れば、"不是A就是B"の構文を使うことが分かります。
　（3）"只是～"を使いましょう。それから、日本語の「覚えていない」の中国語訳は動詞と結果補語からなることを間違えないでください。

---

1 （1）就是(只是)　（2）不是　（3）只是(就是)
2 （1）BEACD　（2）ACDEB　（3）AEBDC
3 （1）今天非常暖和，就是风大了点儿。
　（2）他每天都锻炼身体，不是跑步就是游泳。
　（3）学是学过，只是没有记住。

第26課 "～就"、"才～就～"、"就～"

● ポイント

1. "～就"

"就"の前に時間や数量を表すことばを置いて、動作の発生まで時間が短いことや早いことを表す。

1) 他写的书不到一个星期就卖完了。
   Tā xiě de shū bú dào yí ge xīngqī jiù màiwán le.
   彼が書いた本は一週間経たないうちにもう売り切れた。

2) 她游了两百米就游不动了。
   Tā yóule liǎng bǎi mǐ jiù yóubudòng le.
   彼女は200メートル泳いだらそれ以上泳げなくなった。

3) 他五十岁就退休了。
   Tā wǔshí suì jiù tuìxiū le.
   彼は50歳でもう退職した。

2. "才～就～"

"～就"の前にさらに"才"を加えて、動作の発生まで時間が短いことや早いことを強調して表すこともできる。

1) 她才来了两天就想家了。
   Tā cái láile liǎng tiān jiù xiǎng jiā le.
   彼女は来てたった二日でもうホームシックになった。

2) 这台电脑才用了几天就坏了。
   Zhèi tái diànnǎo cái yòngle jǐ tiān jiù huài le.
   このパソコンは数日しか使っていないのにもう壊れた。

3) 才吃了两碗就吃不下了。
   Cái chīle liǎng wǎn jiù chībuxià le.
   二杯しか食べていないのにもうそれ以上入らなくなった。

3. "就〜"

"就"の後ろに数量詞を置いて、数量が少ないことを強調する場合に用いられる。

1) 今天胃口不好，就吃了半碗饭。
   Jīntiān wèikǒu bù hǎo, jiù chīle bàn wǎn fàn.
   今日は食欲がなくて、ご飯をお茶碗半分しか食べなかった。

2) 他就跑了一公里。
   Tā jiù pǎole yì gōnglǐ.
   彼は1キロしか走らなかった。

3) 这个月一直很忙，就休息了两天。
   Zhèi ge yuè yìzhí hěn máng, jiù xiūxile liǎng tiān.
   今月はずっと忙しくて、たった2日しか休んでいない。

◯ ポイントの語句　CD78

退休	tuìxiū	退職する
想家	xiǎng jiā	ホームシックになる
电脑	diànnǎo	パソコン
胃口	wèikǒu	食欲

才一个月就不行了。 (CD79)

女：老王，你不是戒烟了吗？怎么又抽起来了？
Nǚ：Lǎo-Wáng, nǐ bú shì jiè yān le ma? Zěnme yòu chōuqilai le?

男：我下决心戒烟，可是戒了一个月就受不了了。
Nán：Wǒ xià juéxīn jiè yān, kěshì jièle yí ge yuè jiù shòubuliǎo le.

女：才一个月就不行了。你看人家老李已经彻底戒了。
Cái yí ge yuè jiù bù xíng le. Nǐ kàn rénjia Lǎo-Lǐ yǐjing chèdǐ jiè le.

男：老李有志气。不过我现在一天也就抽三、四根儿。
Lǎo-Lǐ yǒu zhìqì. Búguò wǒ xiànzài yì tiān yě jiù chōu sān、sì gēnr.

女：烟还是少抽好。只要想戒，慢慢儿就能戒掉了吧。
Yān háishi shǎo chōu hǎo. Zhǐyào xiǎng jiè, mànmānr jiù néng jièdiào le ba.

男：对我来说，好像不是那么容易。
Duì wǒ lái shuō, hǎoxiàng bú shì nàme róngyì.

女：才戒了一次就没信心了？
Cái jièle yí cì jiù méi xìnxīn le?

◉ スキットの語句

戒烟	jiè yān	禁煙する
抽	chōu	（タバコを）吸う
下决心	xià juéxīn	決心する
受不了	shòubuliǎo	耐えられない
彻底	chèdǐ	徹底的に
有志气	yǒu zhìqì	気骨、気概がある
信心	xìnxīn	自信

スキットの訳

女：王さん、禁煙したんじゃなかったの？どうしてまた吸い始めたの？

男：禁煙すると決意したけれど、一ヶ月でもう我慢できなくてね。

女：たった一ヶ月でだめだなんて。李さんなんて完全にタバコをやめたわよ。

男：李さんは意志が強いからね。でも、いまは一日に3，4本しか吸わないんだよ。

女：やっぱりタバコはあまり吸わないほうがいいわ。やめたいとさえ思えば、だんだんやめられるようになるわよ。

男：僕にはそんなに簡単ではなさそうだな。

女：たった1度禁煙しただけでもう自信なくしたの？

● **トライしよう！**

1. 適切な語句を（　　）の中に入れてみよう。

    (1) 我今天早上六点（　）出发了。

    (2) （　）学了半年就能用汉语写信了。

    (3) 我昨天晚上（　）睡了三个小时。

2. 次の語句を日本語の意味に合うように、正しい語順に並べよう。

    (1) 一度読んだだけで覚えてしまった。
    A. 一遍 yí biàn　　B. 就 jiù
    C. 看了 kànle　　D. 了 le
    E. 记住 jìzhù

    (2) 2杯飲んだだけで酔っ払ってしまった。
    A. 喝了 hēle　　B. 喝醉了 hēzuì le
    C. 才 cái　　D. 就 jiù
    E. 两杯 liǎng bēi

    (3) 一枚しか書かなかった。
    A. 我 wǒ　　B. 了 le
    C. 写 xiě　　D. 一张 yì zhāng
    E. 就 jiù

3. 中国語に訳してみよう。

    (1) われわれは十年前にすでに知り合っていた。

    (2) 2ページ読んだだけで眠ってしまった。

    (3) 私は料理を二つしか作らなかった。

第26課 "～就"、"才～就～"、"就～"

● 解説

1 "就"と"才"の語句を入れますが、"就"の前にもまた後ろにも数量詞が入ります。また"才"の場合、後ろに数量詞が現れた場合は時間や数量が少ないことを表します。

　ですから、それぞれの文の全体の意味を考えれば、空欄に何が入るのかは分かるはずです。

2 （1）"就"の前に数量詞を置き、時間の少ないことを表します。
　（2）"才"の後に数量詞を置き、数量の少ないことを表します。
　（3）数量詞を"就"の後に置き、数量の少ないことを表します。

3 （1）"就～"を使います。そして、"就～"の前に数量詞を置きましょう。
　（2）"才"を使ってください。それから、数量詞はこの"才"の後に置くようにしましょう。
　（3）"就～"を使います。それから「二つ」は目的語の前に置きます。

---

1 （1）就　（2）才　（3）就
2 （1）CABED　（2）CAEDB　（3）AECBD
3 （1）我们十年前就认识了。
　（2）才看了两页就睡着了。
　（3）我就做了两个菜。

索引

A

ànshí	按时	時間通りに	135

B

bān	班	クラス	17
bàndǎotǐ	半导体	半導体	124
bànfǎ	办法	方法	123
bànyè	半夜	真夜中	112
bàogào	报告	レポート	100
bǐjìběn	笔记本	ノート	93
bǐsài	比赛	試合	43
bǐshì	笔试	筆記試験	24
bǐyìqífēi	比翼齐飞	互いに助け合いながら頑張っていく	124
bì yè	毕业	卒業する	124
bīnguǎn	宾馆	ホテル	161
bìngdú	病毒	ウイルス	141
bú cuò	不错	悪くない，良い	44
bú duì	不对	正しくない	100
bú yàojǐn	不要紧	構わない	36
bù shūfu	不舒服	気分が悪い	43
bù xiǎoxīn	不小心	うっかりして	49

C

cādiào	擦掉	消してしまう	99
cāi	猜	当てる	18
cāidào	猜到	当てる	117
cāntīng	餐厅	レストラン	87
chā	插	挿す，生ける	73
chá	查	調べる	88
chà	差	足りない	17
chàbuduō	差不多	ほぼ	99
chǎng	场	（量詞）回数を数える	43
cháoxiàng	朝向	（玄関や建物の窓の）向き	161
chǎo jià	吵架	口げんかをする	129
chǎo yóuyú	炒鱿鱼	首にする	142
chēhào	车号	車両番号	88
chēzhàn	车站	駅，停留所	11
chèdǐ	彻底	徹底的に	168
chènshān	衬衫	シャツ，ブラウス	23
chībǎo	吃饱	お腹いっぱいである	117
chī yào	吃药	薬を飲む	29
chídào	迟到	遅刻する	161
chóngxīn	重新	新たに，再び	106
chǒnghuài	宠坏	甘やかす	141
chōu	抽	（タバコを）吸う	168
chōu yān	抽烟	たばこを吸う	35
chū chǒu	出丑	恥をさらす	136
chū cuòr	出错儿	ミスをする	142
chū tàiyáng	出太阳	日が出る	73
chū yuàn	出院	退院する	56
chūzū qìchē	出租汽车	タクシー	73

D

dǎbài	打败	打ち負かす	155
dǎcuò	打错	打ち間違える	100
dǎ gōng	打工	アルバイトをする	130
dǎ májiàng	打麻将	マージャンをする	35
dǎ zhāohu	打招呼	挨拶する	155
dàfang	大方	上品である	149
dàgài	大概	多分，おそらく	50
dà lù	大路	大通り	50
dàyī	大衣	上着	17
Dàzhòng chūzū qìchē gōngsī	大众出租汽车公司	大衆タクシー会社	88
dài	戴	身につける	67
dài	带	持つ	105
dàifu	大夫	医者	62
dàn	淡	（色が）薄い	44
dàngāo	蛋糕	ケーキ	30
dāng	当	担当する，なる	36
děi	得	～しなければならない	62
děng	等	待つ	61
dìgěi	递给	手渡しする	93
dì huá	地滑	地面が滑りやすい	74
dìzhèn	地震	地震	112
dìzhǐ	地址	住所，アドレス	11
diǎn	点	数える，確認する	87
diànchē	电车	電車	87
diànnǎo	电脑	パソコン	167
diànqì shāngpǐn	电器商品	電気製品	82
diànshì	电视	テレビ	61
diànshìjī	电视机	テレビ	12
diànyǐng	电影	映画	23
diànzǐ yóuxì	电子游戏	テレビゲーム	135
diàochá	调查	調査する	67
dìng	订	注文する	150
dìngzuò	订做	あつらえる	123
duàn	段	（量詞）劇などの一部分を数える	136
duìyuán	队员	チームのメンバー	135
dùn	顿	（量詞）動作の回数を数える	141

拼音	中文	日文	頁
duō cháng	多长	どのくらい	50
duō dà	多大	いくつ	17
duǒ	朵	(量詞) 花を数える	73

E

拼音	中文	日文	頁
értóng	儿童	子供、児童	11

F

拼音	中文	日文	頁
fādǒu	发抖	震える、身震いする	111
Fǎguó	法国	フランス	36
Fǎyǔ	法语	フランス語	36
fānyì	翻译	通訳(する)	36
fāngbiànmiàn	方便面	インスタントラーメン	161
fàng jià	放假	休みになる	129
fàng xué	放学	学校が終わる	56
fēijī	飞机	飛行機	35
fēnggé	风格	独特のスタイル	94
fēngjǐng	风景	景色	23
fēngshèng	丰盛	ご馳走、盛りだくさん	55
fúzhuāng	服装	服装	11
fùjìn	附近	付近、近く	11

G

拼音	中文	日文	頁
gāi	该	～すべき	162
gǎi	改	改める	100
gǎnhuà	感化	感化する	155
gǎnhuílai	赶回来	急いで戻ってくる	117
gǎnmào	感冒	風邪、風邪を引く	43
gǎnrǎn	感染	感染する	141
gǎnshang	赶上	出くわす、ぶつかる	112
gàn huó	干活	仕事をする	149
gǎo cùxiāo huódòng 搞促销活动		販促キャンペーンを行う	82
gàosu	告诉	教える	88
gēwǔ	歌舞	歌と踊り	150
gōngfu	工夫	時間	155
gōngyì měishù	工艺美术	工芸美術	94
gōngzuò rényuán 工作人员		スタッフ	135
gǒu	狗	犬	73
gùzhàng	故障	故障	155
guà	挂	掛ける、吊るす	94
guān	关	閉める	49
guànjūn	冠军	優勝者、チャンピオン	155
guǎnggào	广告	広告	156
guì	贵	(値段が)高い	23
guò mù	过目	目を通す	100

H

拼音	中文	日文	頁
hāmìguā	哈密瓜	ハミウリ	81
hànbǎobāo	汉堡包	ハンバーガー	161
hǎokàn	好看	美しい、見た目がいい	23
hǎo qì	好气	腹立たしい	149
hǎoxiàng	好像	～のようだ	100
hǎoxiào	好笑	おかしい	149
hémiàn	河面	川の表面	73
héshì	合适	合う	118
hèniánpiàn	贺年片	年賀状	29
hēihūhū	黑乎乎	真っ黒、薄暗い	162
hěnhěnde	狠狠地	ひどく	141
hòumén	后门	裏門	49
huāpíng	花瓶	花瓶	73
huàn	换	交換する	62
hūnlǐ	婚礼	結婚式	123

J

拼音	中文	日文	頁
jīqì	机器	機械	155
jígé	及格	合格する	155
jìcuò	记错	覚え間違える	99
jìgěi	寄给	郵便で送る	93
jìniàn yóupiào	纪念邮票	記念切手	11
jìrán	既然	～するからには、～である以上	136
jìxing	记性	記憶力	81
jiā	加	加える	105
jiā bān	加班	残業する	18
Jiānéng páir	佳能牌儿	キャノン[ブランド]	88
jiānchí	坚持	頑張って続ける	105
jiānqiáng	坚强	強い	155
jiàn	件	(量詞)服を数える	23
jiànxíng	饯行	送別会を開く	55
jiāogěi	交给	渡す	100
jiāojuǎnr	胶卷儿	(カメラの)フィルム	105
jiàoliàn	教练	コーチ	135
jiàoxun	教训	しかる	141
jiēdài	接待	接待する	36
jié bīng	结冰	氷が張る	73
jié hūn	结婚	結婚する	129
jiěgù	解雇	解雇する	141

jièshào	介绍	紹介する ……………… 55
jiè yān	戒烟	禁煙する …………… 168
jǐn	紧	きつい ………………… 23
jìn	近	近い …………………… 49
jìnkǒu huò	进口货	輸入品 ………………… 82
jīngcǎi	精彩	素晴らしい …………… 43
jīngjì	经济	経済的である ……… 149
Jīngjù	京剧	京劇 ………………… 136
jīnglì	精力	精力 …………………… 87
jǐngchá	警察	警察 ………………… 141
jiǔjiā	酒家	レストラン ………… 150
jiùhùchē	救护车	救急車 ………………… 74
jǔxíng	举行	行う ………………… 123

K

kǎchē	卡车	トラック ……………… 73
kāi huì	开会	会議を開く …………… 87
kāi(yào)	开（药）	（薬を）処方する …… 62
kànlái	看来	どうやら …………… 156
kǎo	考	試験する ……………… 24
kǎolǜ	考虑	考える ……………… 111
kǎoshì	考试	試験 …………………… 24
kěbushì	可不是	もちろん、そうだよ ……………………………… 74
kěnéng	可能	〜かもしれない …… 43
kèchéng	课程	コース、課程 ………… 99
kètīng	客厅	客間、応接間 ………… 11
kǒushì	口试	口述試験 ……………… 24
kuǎnshì	款式	（服などの）デザイン ……………………………… 23
kùn	困	眠い ………………… 111

L

lājī	垃圾	ごみ ………………… 105
là	辣	辛い ………………… 111
lǎobǎn	老板	社長 …………………… 61
lǎoshí	老实	おとなしい …………… 81
lǎoyéye	老爷爷	おじいさん ………… 141
lèi	累	疲れている …………… 43
lěngdòng shípǐn 冷冻食品	冷凍食品	…………………………… 81
lǐjiě	理解	理解する ……………… 35
lǐwù	礼物	プレゼント …………… 93
lìhai	厉害	ひどい ………………… 56
liǎn	脸	顔 ……………………… 29
liàn	练	練習する …………… 135
liángkuai	凉快	涼しい ………………… 23
liáo tiānr	聊天儿	おしゃべりする …… 129
línjū	邻居	隣近所（の人）……… 73

línshī	淋湿	ぬれる ……………… 141
língqián	零钱	小銭 …………………… 12
lǐngdài	领带	ネクタイ ……………… 67
liú kǒushuǐ	流口水	涎をたらす、唾液が出る ……………………… 111
liú lèi	流泪	涙を流す …………… 111
lóutī	楼梯	階段 …………………… 49
lóuxià	楼下	階下 …………………… 74
lǜshī	律师	弁護士 ………………… 61

M

máfan	麻烦	面倒をかける ……… 150
mǎhu	马虎	いい加減だ（にする）……………………………… 35
mà	骂	しかる ……………… 142
màidiào	卖掉	売ってしまう ………… 99
mǎnyì	满意	満足する、気に入る ……………………………… 35
mànhuàr	漫画儿	漫画 ………………… 161
méi wèntí	没问题	問題ない、大丈夫 … 50
měiguān	美观	美しい ……………… 149
miànfěn	面粉	小麦粉 ………………… 12
míngbai	明白	わかる ……………… 100
míngxìnpiàn	明信片	葉書 …………………… 93
mòmíngqímiào	莫名其妙	何が何だかわからない ……………………………… 156

N

ná	拿	持つ、取る …………… 12
náshǒu cài	拿手菜	得意料理 …………… 123
nèiróng	内容	内容 …………………… 24
niánqīng	年轻	若い …………………… 18
nuǎnhuo	暖和	暖かい ………………… 23

P

pà	怕	心配する ……………… 36
pīxialai	批下来	ビザが下りる ……… 118
píjiǔ	啤酒	ビール ………………… 29
píqi	脾气	性格、怒りっぽい気性 ……………………………… 161
píxiāng	皮箱	スーツケース ……… 106
piányi	便宜	安い …………………… 23
piàn	片	（量詞）錠 …………… 61

Q

qí	骑	（またがって）乗る・35
qípáo	旗袍	チャイナドレス …… 123
qǐ fēng	起风	風が吹き出す ………… 73
qiàtán	洽谈	面談する、商談する

		················36	
qián	钱	お金··················99	
qiánbāo	钱包	財布··················12	
qiánmén	前门	表門··················49	
qiǎn	浅	（色が）薄い··········43	
qiǎokèlì	巧克力	チョコレート··········17	
qīngdàn	清淡	（食べ物が）あっさり している··············81	
Qíngrénjié	情人节	バレンタインデー····17	
qíngxù	情绪	機嫌、気持ち······142	
qǔ	取	取る··················36	

R

rènao	热闹	賑やかだ··············23
rèncuò	认错	見間違える············99
rènshi	认识	知っている············50
rènzhēnde	认真地	真剣に················67
rìqī	日期	期日··················87

S

sǎnmàn	散漫	ルーズである········161
sǎo dì	扫地	床を掃く··············87
shāndiào	删掉	削ってしまう········100
shāngdiàn	商店	商店··················94
shāngliang	商量	相談する··············49
shàngsī	上司	上司················142
shǎo	少	なくす················73
shēn	深	（色が）濃い··········43
shēn	伸	伸ばす、突き出す·105
shēngcí	生词	新出単語··············24
shēng qì	生气	怒る··················55
shēngri	生日	誕生日················30
shèng	剩	残る················106
shíhuì	实惠	実質的である········149
shíyòng	实用	実用的である········149
shōudào	收到	受け取る··············29
shòubuliǎo	受不了	耐えられない········168
shūjià	书架	本棚··················68
shùmǎ	数码	デジタル··············88
shuā yá	刷牙	歯を磨く··············29
shuāi jiāo	摔跤	転ぶ··················74
shuāixialai	摔下来	転げ落ちる············49
shuài	帅	垢抜けている········124
shùnbiàn	顺便	ついでに············105
sòng	送	プレゼントする······17
sòng	送	運ぶ··················93
Sūzhōurén	苏州人	蘇州の人··············18
sù	素	地味である··········161

sùshè	宿舍	寮··················130
suān	酸	すっぱい············111
suí biàn	随便	都合のよいようにする ··129
suǒ	锁	鍵をかける············67

T

tái	抬	上げる、持ち上げる ··87
tàitai	太太	妻、奥さん··········56
tàng	趟	（量詞）回数を数える ··61
tào	套	（量詞)セットになるも のを数える··········44
tèzhēng	特征	特徴··················88
tiānqì yùbào	天气预报	天気予報············162
tiáo	条	（量詞）細長いものを 数える··············73
tīng huà	听话	言うことを聞く······43
tíng	停	止まる················73
tǐng	挺	とても················94
tōngguò	通过	～を通じて··········124
tōngzhī	通知	通知する、知らせる ··87
tóu piào	投票	投票する············129
tuījiàn xìn	推荐信	推薦状··············135
tuì huò	退货	商品を返品する、返品 する················35
tuìxiū	退休	退職する············167

W

wàiguó liúxuéshēng		
外国留学生	外国人留学生··········11	
wàizī qǐyè	外资企业	外資系企業··········124
wǎncān	晚餐	ディナー··············55
wēixiǎn	危险	危険だ、危ない······105
wéinán	为难	困る、悩む··········105
wèikǒu	胃口	食欲················167
wěn	稳	荒くない、しっかりし ている··············111
wùjià	物价	物価··················23

X

xīguā	西瓜	スイカ················81
xīzhuāng	西装	スーツ················44
xià bān	下班	仕事を終える、退勤す る··················29
xià gǎng	下岗	レイオフされる·····123
xià juéxīn	下决心	決心する············168

175

xiàsǐ	吓死	大変びっくりさせられる ……………………… 112	
Xiàwēiyí	夏威夷	ハワイ …………… 123	
xià xiàngqí	下象棋	中国将棋をする …… 35	
xián	咸	塩辛い …………… 43	
xiǎng jiā	想家	ホームシックになる ……………………… 167	
xiǎohuǒzi	小伙子	若者 …………… 124	
xiǎo lù	小路	裏道 …………… 50	
xiǎoshí	小时	時間 …………… 61	
xiǎoshì	小事	些細なこと ……… 55	
xiǎoxīn	小心	気をつける ……… 43	
xiěcuò	写错	書き間違える …… 99	
xiě xìn	写信	手紙を書く ……… 29	
Xīnjiāpō	新加坡	シンガポール …… 23	
xīnxiān	新鲜	新鮮である …… 117	
xìnxīn	信心	自信 …………… 168	
xíngli	行李	荷物 …………… 11	
xínglijià	行李架	網棚 …………… 105

Y

yán	盐	塩 …………… 93	
yánjiūshēng	研究生	大学院（生）…… 118	
yánsè	颜色	色 …………… 43	
yǎnjìng	眼镜	眼鏡 …………… 117	
yào	药	薬 …………… 61	
yàoburán	要不然	さもなくば …… 106	
yīmèir	伊妹儿	Eメール ……… 11	
yíxiàzi	一下子	すぐに ……… 99	
yì zhuō	一桌	一卓 …………… 55	
yīntiān	阴天	曇り空 ………… 162	
yīngcùn	英寸	インチ ………… 82	
Yīngyǔ	英语	英語 …………… 24	
yóujú	邮局	郵便局 ………… 11	
yóuxì	游戏	遊び …………… 161	
yóu yǒng	游泳	泳ぐ …………… 61	
yǒuguān	有关	〜に関する、〜についての ……………… 36	
yǒu yìsi	有意思	面白い ………… 23	
yǒu zhìqì	有志气	気骨、気概がある · 168	
yǔsǎn	雨伞	傘 ……………… 87	
yuǎn	远	遠い …………… 49	
yuèpiào	月票	定期券 ………… 93

Z

zázhì	杂志	雑誌 …………… 73	
zài yì	在意	気にかける …… 135	
zánmen	咱们	（相手を含む）私たち ……………………… 50	
zǎotuì	早退	早退する ……… 161	
zěnme	怎么	どうして ……… 30	
zěnme bàn	怎么办	どうする ……… 118	
Zhāng Dàqiān	张大千	張大千［画家］…… 94	
zháojí	着急	あせる、心配する … 62	
zhǎodào	找到	見つかる ……… 93	
zhàokàn	照看	世話をする …… 56	
zhàoxiàngjī	照相机	カメラ ………… 88	
zhèi yí dài	这一带	このあたり …… 23	
zhěnglǐ	整理	整理する、片付ける ……………………… 68	
zhèngmíng	证明	証明（書）…… 135	
zhí kū	直哭	泣いてばかりいる · 112	
Zhōngwén guǎngbō	中文广播	中国語のラジオ放送 …………………………… 67	
zhōudào	周到	周到である、抜かりない ……………………… 111	
zhōumò	周末	週末 …………… 29	
zhǔrèn	主任	主任 …………… 18	
zhù yuàn	住院	入院する ……… 56	
zhuāng	装	入れる ………… 105	
zhuàngdǎo	撞倒	ぶつかって倒す／倒れる …………………… 141	
zhuàngshāng	撞伤	ぶつかって怪我をさせる／する ……… 141	
zhǔnbèi	准备	準備する、用意する ……………………… 55	
zìxíngchē	自行车	自転車 ………… 35	
zǒng	总	結局、どのみち … 118	
zòu xiào	奏效	効果が現れる … 156	
zuì hǎo	最好	〜した方がいい … 100	
zuǒyòu	左右	〜くらい ……… 50	
zuò cài	做菜	料理を作る …… 30	
zuòxia	坐下	座る …………… 117	
zuò zuòyè	做作业	宿題をする …… 67

■ 著者紹介 ■

楊凱栄（よう・がいえい）
1957年生まれ。華東師範大学卒業。大阪外国語大学大学院修士課程修了。筑波大学大学院博士課程修了。現在、東京大学大学院総合文化研究科助教授。文学博士。NHKラジオ講座応用編講師担当（2002～2005年「表現する中国語」，「すぐに使える基本文法」、2006年7～9月「重要語句で探る言葉のメカニズム」）。共著『中国語教室Q&A』（大修館書店）ほか。

もっとのばせる中国語
～基礎から応用まで～

2007年3月30日　初版発行

著者	楊凱栄
発行者	福岡靖雄
発行所	株式会社　金星堂

〒101-0051
東京都千代田区神田神保町3-21
Tel:03-3263-3828（営業部）　03-3263-3950（出版部）
Fax:03-3263-0716
E-mail:text@kinsei-do.co.jp
URL:http//www.kinsei-do.co.jp

編集担当　佐藤貴子
表紙装丁　カシワギマリ
本文デザイン・イラスト　エム・エイ・テック
印刷所　大日本印刷　／　製本所　関山製本

乱丁・落丁本はお取り替え致します。
ⒸKairong Yang,2007,Printed in Japan　2-00-0671
ISBN978-4-7647-0671-2　C1087

新刊案内

こんなとき一言で言える
中国語決まり文句集

CD付き

安念一郎
野村邦近　著

四六判　190ページ
定価 1,890 円
（本体 1,800 円＋税）

本書の構成

　　第一部　中国語の基礎知識
　　第二部　ことばとあいさつ
　　第三部　感情表現
　　第四部　家庭と生活
　　第五部　趣味と観光
　　第六部　働く場面で

こんなときどう言えばよいのか・・・。
そんなときに一言で言える「決まり文句」を集めたのがこの本です。
ややこしい文法は必要ありません。
このまましゃべれば立派に通じます。
今すぐ役立つ中国語を覚えたい人のため、
明日中国に出発される人のために、
誰でも話せる「決まり文句」をお贈りします。